Bettina Wurster

Finanzielle Unternehmenssanierung

Bettina Wurster

Finanzielle Unternehmenssanierung

Wege aus der Krise: Sanieren statt Liquidiren

VDM Verlag Dr. Müller

Bibliografische Information der Deutschen Nationalbibliothek:
Die Deutsche Nationalbibliothek verzeichnet diese Publikation in der
Deutschen Nationalbibliografie; detaillierte bibliografische Daten sind
im Internet über http://dnb.d-nb.de abrufbar.

Das Werk ist einschließlich aller seiner Teile urheberrechtlich geschützt.
Jede Verwertung außerhalb der engen Grenzen des Urheberrechts-
gesetzes ist ohne Zustimmung des Verlages unzulässig und strafbar.
Das gilt insbesondere für Vervielfältigungen, Übersetzungen, Mikrover-
filmungen und die Einspeicherung und Verarbeitung in elektronischen
Systemen.

Alle in diesem Buch genannten Marken und Produktnamen unterliegen
warenzeichen-, marken- oder patentrechtlichem Schutz bzw. sind
Warenzeichen oder eingetragene Warenzeichen der jeweiligen Inhaber.
Die Wiedergabe von Marken, Produktnamen, Gebrauchsnamen,
Handelsnamen, Warenbezeichnungen u.s.w. in diesem Werk berechtigt
auch ohne besondere Kennzeichnung nicht zu der Annahme, dass
solche Namen im Sinne der Warenzeichen- und
Markenschutzgesetzgebung als frei zu betrachten wären und
daher von jedermann benutzt werden dürften.

Copyright © 2006 VDM Verlag Dr. Müller e. K. und Lizenzgeber
Alle Rechte vorbehalten. Saarbrücken 2006
Kontakt: info@vdm-buchverlag.de

Herstellung: Schaltungsdienst Lange o.H.G., Berlin
Coverfoto: www.photocase.de

ISBN-10: 3-86550-388-8
ISBN-13: 978-3-86550-388-6

*Dieses Buch ist
meinen Eltern
Roselinde und Helmut Wurster
gewidmet.*

Inhaltsverzeichnis

Abkürzungsverzeichnis IX
1 Einführung 11
2 Analyse von Krisensituationen in Unternehmen 15
  2.1 Ablauf von Unternehmenskrisen 15
  2.2 Arten von Unternehmenskrisen 17
3 Erarbeitung eines Sanierungskonzepts 21
4 Umsetzung der finanzwirtschaftlichen Handlungsmöglichkeiten 27
  4.1 Unternehmensinterne Handlungsmöglichkeiten 28
    4.1.1 Kapitalerhöhung 28
      4.1.1.1 Kapitalerhöhung durch Gesellschafter 28
      4.1.1.2 Kapitalerhöhung durch Dritte 35
    4.1.2 Kapitalherabsetzung 37
    4.1.3 Aufnahme von Gesellschafterdarlehen 43
    4.1.4 Veräußerung von Vermögen 46
    4.1.5 Verkauf von Forderungen 49
  4.2 Handlungsmöglichkeiten aus Sicht der Kreditinstitute 50
    4.2.1 Stillhalten 52
    4.2.2 Bildung von Pools 55
      4.2.2.1 Bildung eines Bankenpools 55
      4.2.2.2 Bildung eines Banken-Lieferanten-Pools 59
    4.2.3 Zugeständnisse bei bestehenden Krediten 60
      4.2.3.1 Optimierung der Fälligkeitsstruktur 61
      4.2.3.2 Verzicht auf Forderungen 62
    4.2.4 Verwendung von Sicherheiten zu Sanierungszwecken ... 67
      4.2.4.1 Freigabe/Tausch von Sicherheiten 67
      4.2.4.2 Rangrücktritt 68
    4.2.5 Bereitstellung von Neukrediten 69

4.2.6 Dept-Equity-Swap 78

4.2.7 Finanzierung Dritter zum Vorteil des Kreditnehmers 84

4.3 Handlungsmöglichkeiten aus Sicht der Steuergläubiger 85

4.3.1 Stundung von Steuern 85

4.3.2 Vollstreckungsaufschub 86

4.3.3 Erlass von Steuern 87

4.4 Handlungsmöglichkeiten aus Sicht der Lieferanten 88

4.4.1 Umwandlung der Schulden 88

4.4.2 Ausweitung der Lieferantenkredite 89

4.5 Handlungsmöglichkeiten aus Sicht der Kunden 90

5 Insolvenz als letzte Chance zur Sanierung 93

5.1 Entlastungen durch Insolvenz 93

5.2 Voraussetzungen für die Eröffnung des Insolvenzverfahrens 95

5.3 Besonderheiten in der Insolvenz gegenüber den außergerichtlichen Sanierungsmaßnahmen 102

5.4 Insolvenzplan als Sanierungsplan 105

5.5 Risiken bei der Sanierung durch Insolvenz 112

6 Einbeziehung von Fortführungsgesellschaften 115

7 Schlussbemerkung 123

Anhang 133

Literatur- und Quellenverzeichnis 157

Abkürzungsverzeichnis

a.a.O.	am angegebenen Ort
Abb.	Abbildung
Abs.	Absatz
AEAO	Anwendungserlass zur Abgabenordnung
AG	Aktiengesellschaft
AGB	Allgemeine Geschäftsbedingungen
AktG	Aktiengesetz
Antragsrückn.	Antragsrücknahme
AO	Abgabenordnung
Aufl.	Auflage
BGB	Bürgerliches Gesetzbuch
BW	Buchwert
bzw.	beziehungsweise
d.h.	das heißt
DSWR	Datenverarbeitung Steuer/Wirtschaft-Recht
ebd.	ebenda
EBITDA	earnings before interest, taxes, depreciation and amortisation
EK	Eigenkapital
EStG	Einkommensteuergesetz
evtl.	eventuell
f.	folgende
FAR	Fachausschuss Recht
FAZ	Frankfurter Allgemeine Zeitung
FB	Fehlbetrag
ff.	fortfolgende
GbR	Gesellschaft bürgerlichen Rechts
GK	Grundkapital
GmbH	Gesellschaft mit beschränkter Haftung
GmbH & Co. KG	Gesellschaft mit beschränkter Haftung und Kommanditgesellschaft als Kommanditist
GmbHG	Gesetz betreffend die Gesellschaften mit beschränkter Haftung
GuV	Gewinn- und Verlustrechnung
HGB	Handelsgesetzbuch
Hrsg.	Herausgeber

i.d.R.	in der Regel
IDW	Institut der Wirtschaftsprüfer in Deutschland eingetragener Verein
InsO	Insolvenzordnung
Insolvenzverw.	Insolvenzverwalter
i.V.m.	in Verbindung mit
JF	Jahresfehlbetrag
JG	Jahrgang
KfW	Kreditanstalt für Wiederaufbau
KG	Kommanditgesellschaft
KK	Kontokorrent
KRL	Kapitalrücklage
LBBW	Landesbank Baden-Württemberg
lt.	laut
MaK	Mindestanforderungen an das Kreditgeschäft
Mio.	Millionen
Mrd.	Milliarden
mtl.	monatlich
OHG	offene Handelsgesellschaft
Opt.	Optimierung
o.V.	ohne Verfasser
S.	Seite
Sanierungsvers.	Sanierungsversuch
Tab.	Tabelle
T€	Tausend Euro
TSt.	Tausend Stück
u.U.	unter Umständen
vgl.	vergleiche
Voba K-N	Volksbank Kirchheim-Nürtingen eG
VP	Verkaufspreis
VV	Verlustvortrag
z.B.	zum Beispiel
zfo	Zeitschrift Führung + Organisation
Ziff.	Ziffer
zus.	zusammen
ZW	Zeitwert

1 Einführung

"Creditreform erwartet neuen Pleiterekord"[1], schrieb die Frankfurter Rundschau im Oktober 2004. "Erneut mehr Insolvenzen"[2], hieß es einen Monat später in der Süddeutschen Zeitung. "Die Pleitewelle ebbt auch 2005 nicht ab - Creditreform und Euler Hermes erwarten wieder 38 000 bis 40 000 Unternehmensinsolvenzen"[3], so die FAZ. Wie Abb. 1 zeigt, war innerhalb Deutschlands in den Jahren 1995 bis 2004 bei den Insolvenzzahlen nur einmal ein Rückgang zu verzeichnen, und zwar im Jahr 1999.

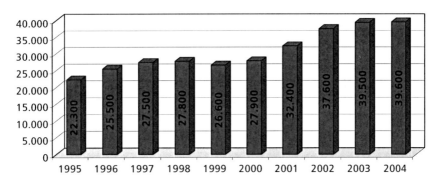

Abb 1: Anzahl der Unternehmensinsolvenzen 1995 bis 2004
Quelle: Die Verfasserin, in Anlehnung an Creditreform, 2005 online: Unternehmensinsolvenzen. URL: http://www.creditreform.de/angebot/analysen/0046/02.php

Kann solch eine negative Entwicklung aufgehalten werden? "Die Betroffenen verschließen meist die Augen vor dem anstehenden Bankrott"[4], ist zwar in der Financial Times Deutschland zu lesen. Doch trotzdem lautet die Antwort eindeutig: Ja! Denn es gibt eine Vielzahl von Möglichkeiten, mit denen sich eine Unternehmenskrise abwenden lässt. Sie werden unter dem Stichwort „Sanierung" zusammengefasst. Doch was ist unter diesem Begriff überhaupt zu verstehen? „Sanierung" kommt vom lateinischen „sanare" und heißt Heilung oder Gesundung. „Die Sanierung umfasst sämtliche Maßnahmen, die geeignet erscheinen, ein notleidendes Unter-

---

[1] o.V.: Insolvenzen, in: Frankfurter Rundschau vom 6.10.2004, S. 11.
[2] o.V.: Erneut mehr Insolvenzen, in: Süddeutsche Zeitung vom 6.11.2004, S. 22.
[3] o.V.: Die Pleitewelle ebbt auch 2005 nicht ab, in: FAZ vom 1.12.2004, S. 18.
[4] o.V.: Warten auf die Pleite, in Financial Times Deutschland vom 5.1.2005, S. 28.

nehmen durch Wiederherstellung seiner Zahlungsfähigkeit und Ertragskraft vor dem drohenden Zusammenbruch zu bewahren."[1] Das krisenhafte Unternehmen wird mit finanziellen Mitteln so ausgestattet, dass es seine bisherigen Verpflichtungen erfüllen und auch den zukünftigen Verpflichtungen nachkommen kann.[2] Die Ziele der Sanierung sind also, die wirtschaftliche Leistungsfähigkeit wieder zu gewinnen und die Ansprüche der Gläubiger aus den zukünftigen Erträgen zu bedienen.[3]

Man unterscheidet zwischen Sanierung im engeren und im weiteren Sinne: Bei der Sanierung im engeren Sinne handelt es sich ausschließlich um finanzielle Sofortmaßnahmen zur Beseitigung von Liquiditätskrisen im Unternehmen. Das reicht aber für das langfristige Überleben des Unternehmens nicht aus! Für eine anhaltende Verbesserung sind weitere finanzielle und leistungswirtschaftliche Maßnahmen notwendig. Sie gehören zur Sanierung im weiteren Sinne, welche eine Neuorientierung des gesamten Unternehmens anstrebt.[4]

Dieses Buch befasst sich mit den finanziellen Sanierungsmöglichkeiten. Sie haben großen Einfluss auf den leistungswirtschaftlichen Bereich und damit auf die gesamte Sanierung des Unternehmens.[5] Jede Sanierung stellt einen individuellen Fall dar. Deshalb erfasst die vorliegende Ausarbeitung möglichst viele finanzielle Sanierungsbeiträge, welche den Beteiligten zur Verfügung stehen. Von diesen kann dann eine auf die jeweilige Situation zugeschnittene Palette ausgewählt werden. Ausgangspunkt hierfür ist eine positive Fortbestehensprognose d.h., dass das Unternehmen überlebensfähig ist. Beginnend mit der Beschreibung von Unternehmenskrisen wird über die Erläuterung des Sanierungskonzepts auf die einzelnen vor der Insolvenz einsetzbaren Sanierungsmaßnah-

---

[1] Eisele, W.: Technik des betrieblichen Rechnungswesens, 7. Aufl., München 2002, S. 981.
[2] Vgl. Harz, M.; Hub, H.; Schlarb, E.: Sanierungsmanagement, 2. Aufl., Stuttgart 1999, S. 28.
[3] Vgl. Kautzsch, C.: Unternehmenssanierung im Insolvenzverfahren, Lohmar; Köln 2001, S. 176.
[4] Vgl. Bergauer, A.: Führen aus der Unternehmenskrise, Berlin 2003, S. 5.
[5] Vgl. Gless, S.: Unternehmenssanierung, Wiesbaden 1996, S. 82.

men eingegangen. Sie sind aus der Sichtweise des jeweiligen Anwenders dargestellt.

Zeichnet sich später trotzdem ein Scheitern der außergerichtlichen Sanierung ab, besteht die Möglichkeit, sie innerhalb des Insolvenzverfahrens weiter zu verfolgen. Außerdem wird gezeigt, dass eine finanzielle Sanierung auch durch einen Wechsel des Rechtsträgers erfolgen kann.

Die hier vorkommenden Unternehmensformen beschränken sich auf Einzelunternehmen, bei den Personengesellschaften auf die OHG, die KG und die GmbH & Co. KG sowie bei den Kapitalgesellschaften auf die GmbH und die AG. Regelungen speziell zu Konzernen oder Holdings sind in dieser Arbeit nicht näher beschrieben, da sie sonst zu umfangreich ausfallen würde. Schwerpunktmäßig beziehen sich die dargestellten Handlungsmöglichkeiten auf Betriebe der Produktionsgüterindustrie und auf Handelsunternehmen.

Das Ziel des Buches ist es, die in der Praxis angewendeten finanziellen Sanierungsmöglichkeiten mit ihren Auswirkungen, Vorteilen, Anreizen und Problemen umfassend und verständlich darzustellen und zu zeigen, was bei ihrer Umsetzung zu beachten ist.

Durch ein Gespräch mit einem Sanierungsexperten und durch Beispiele aus Sanierungsfällen wird ein Bezug zur Praxis der Unternehmenssanierung hergestellt.

2 Analyse von Krisensituationen in Unternehmen

Ist ein Unternehmen in einer Krise, so befindet es sich in einer ungeplanten und ungewollten Notsituation. Seine Existenz ist bedroht, da es überlebensnotwendige Ziele nicht mehr erreichen kann.[1] Durch den Einsatz von Sanierungsmaßnahmen kann eine positive Wende herbeigeführt werden, so dass am Ende dieses vorübergehenden Prozesses nicht zwangsläufig die Liquidation steht. Ein Zitat des Schriftstellers Max Frisch: „Die Krise ist ein produktiver Zustand. Man muss ihm nur den Beigeschmack der Katastrophe nehmen."[2] Eine Krise ist demnach für das Unternehmen nicht nur ein Unglück, sondern auch eine Herausforderung, allerdings mit begrenztem Handlungsspielraum.[3] Für die Auswahl geeigneter Sanierungsmaßnahmen müssen die Art und der Verlauf der Unternehmenskrise bekannt sein.

2.1 Ablauf von Unternehmenskrisen

Abb. 2 zeigt den zeitlichen Verlauf einer Unternehmenskrise. Die einzelnen Krisenphasen werden im Folgenden näher beschrieben:

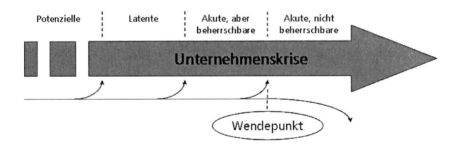

Abb. 2: Phasen einer Krise
Quelle: Birker, K.: Typologie der Unternehmenskrise, in: Birker, K.; Pepels, W. (Hrsg.): Handbuch Krisenbewusstes Management, Berlin 2000, S. 28.

---

[1] Vgl. Töpfer, A.: Plötzliche Unternehmenskrisen - Gefahr oder Chance?, Neuwied; Kriftel 1999, S. 16.
[2] Trauboth, J.: Krisenmanagement bei Unternehmensbedrohungen, Stuttgart u.a. 2002, S. 13.
[3] Vgl. Krystek, U.; Müller-Stewens, G.: Frühaufklärung für Unternehmen, Stuttgart 1993, S. 29.

➢ Potenzielle Unternehmenskrise
Eine Unternehmenskrise ist noch nicht konkret vorhanden, aber wahrscheinlich, wenn mehrere ungünstige Faktoren zusammentreffen. Jede Entscheidung des Managements stellt ein Risiko für das Unternehmen dar und kann zum Auslösen einer Krise beitragen. Eine sorgfältige Planung ist wichtig. Der Unternehmer muss jederzeit die Konsequenzen seines Handelns abwägen. So kann er Fehlentwicklungen frühzeitig erkennen und Risiken minimieren.[1]

➢ Latente Unternehmenskrise
In dieser Phase entstehen bereits Gefährdungen für das Unternehmen; die Krise bahnt sich an! Sie wird aber im alltäglichen Geschäftsbetrieb nur sehr schwer wahrgenommen. Ein Frühwarnsystem ist notwendig: Es vergleicht die Planungsannahmen mit den tatsächlichen Entwicklungen. So erkennt es Abweichungen, auf die sofort reagiert werden kann und Fehlentwicklungen lassen sich vermeiden. Um gegen wahrscheinlich eintretende Krisenursachen anzugehen, steht ein breites Band an Maßnahmen in diesem Stadium zur Verfügung.[2] Jetzt ist die Krise eine Chance und Herausforderung, weil das Management die Unternehmenssituation noch nachhaltig verbessern kann.

➢ Akute, aber beherrschbare Unternehmenskrise
Hier treten Krisenursachen auf, welche die Existenz des Unternehmens bedrohen. Eine Sanierung ist aber noch möglich. Beispielsweise kann eine Überschuldung durch Erhöhung des Eigenkapitals oder durch Forderungsverzicht seitens der Gläubiger abgewendet und die Liquidität mit Hilfe von Sanierungskrediten erhöht werden. Allerdings spitzt sich die Lage immer mehr zu: Das Management muss unter erheblichem Zeitdruck die richtigen Entscheidungen in einem sich ständig verkleinernden Handlungsspielraum treffen. Wird die Krise nach außen hin bekannt, kann sie sich zusätzlich verschärfen, z.B. indem die Gläubiger versuchen, schnell ihre Ansprüche zu befriedigen.[3]

---

[1] Vgl. Birker, K.: Typologie der Unternehmenskrise, in: Birker, K.; Pepels, W. (Hrsg.): Handbuch Krisenbewusstes Management, Berlin 2000, S. 28 f.
[2] Vgl. Birker, K. a.a.O., S. 29.
[3] Vgl. Birker, K. a.a.O., S. 28 f.

➢ Akute, aber nicht beherrschbare Unternehmenskrise
Der Wendepunkt (in Abb. 2, S. 15) ist erreicht. Die Liquidation ist nicht mehr aufzuhalten. Die Unternehmensleitung kann z.b. bei Zahlungsunfähigkeit nirgends neue Mittel beschaffen, oder die Gläubiger weigern sich, bei Überschuldung auf ihre Forderungen zu verzichten.[1] Nun ist für die direkt Beteiligten Vorsicht geboten. Möglicherweise versuchen sie, zu retten, was nicht mehr zu retten ist. Sie investieren dann eigene Mittel in das Unternehmen und gefährden unter Umständen damit auch noch ihre private Existenz!

Während die in Phase 1 beschriebenen Risiken ständig vorhanden sind, muss Phase 2 nicht unbedingt bei jeder Krise eintreten. Es kann sein, dass eine Krise durch plötzliche Veränderungen sofort akut und im schlimmsten Fall schon nicht mehr beherrschbar ist.[2] Treten allerdings alle Phasen als schleichender Prozess hintereinander auf, können 10 bis 20 Jahre vergehen, bevor mit der Sanierung begonnen wird.[3]

2.2 Arten von Unternehmenskrisen

Unternehmenskrisen lassen sich in 3 verschiedene Kategorien einteilen, die zeitlich nacheinander entstehen. Sie können sich in ihrem weiteren Verlauf auch phasenweise überschneiden.

Abb. 3, S. 18 zeigt, dass zu Beginn einer Krisensituation eine Strategiekrise auftritt. Sie geht in eine Erfolgskrise über, die letztlich zu einer Liquiditätskrise führt (allerdings müssen nicht zwingend bei jeder Krise alle drei Krisenarten vorhanden sein), wobei die verschiedenen Krisenarten in umgekehrter Reihenfolge wahrgenommen werden. Die Sanierungsmöglichkeiten zur Überwindung der Krise nehmen kontinuierlich ab und der Zeitdruck, geeignete Maßnahmen zu ergreifen, wird immer größer.

---

[1] Vgl. Harz, M.; Hub, H.; Schlarb, E.: Sanierungsmanagement, 2. Aufl., Stuttgart 1999, S. 31.
[2] Vgl. Birker, K.: Typologie der Unternehmenskrise, in: Birker, K.; Pepels, W. (Hrsg.): Handbuch Krisenbewusstes Management, Berlin 2000, S. 30.
[3] Vgl. Keller, R.: Unternehmenssanierung, Herne; Berlin 1999, S. 14.

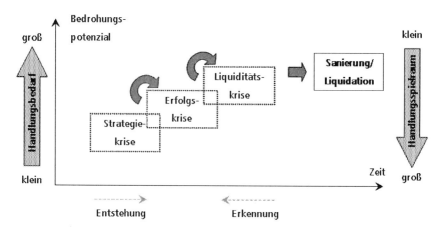

Abb. 3: Krisenarten
Quelle: Die Verfasserin, in Anlehnung an: Feldbauer-Durstmüller, B.: Sanierungsmanagement, in: zfo 3/2003, 72.Jg., S. 130 und Klingebiel, N.: Die Rolle des externen Rechnungswesens für die Krisenerkennung und Krisenüberwindung, in: Birker, K.; Pepels, W. (Hrsg.): Handbuch Krisenbewusstes Management, Berlin 2000, S. 65.

Da sich die Probleme ständig verschärfen, ist es wichtig zu wissen, in welcher der nachfolgend beschriebenen Krisenarten sich das Unternehmen befindet.

> Strategiekrise
Bei einer Strategiekrise sind die Erfolgspotenziale des Unternehmens gefährdet oder nicht mehr vorhanden. Sie äußert sich beispielsweise durch hohe Produktionskosten wegen unterlassenen Investitionen und fehlenden Folgeprodukten bei Umsatzrückgängen. Trotzdem kann das Unternehmen kurzfristig noch gute Betriebsergebnisse erzielen, denn die Strategiekrise wirkt sich erst langfristig aus[1]. Deshalb ist es schwierig, sie rechtzeitig zu erkennen. Hat man dies aber geschafft, besteht ein relativ großer Handlungsspielraum, um ihr durch geeignete Maßnahmen entgegenzuwirken. Andernfalls stagniert oder verschlech-

---

[1] Vgl. Klingebiel, N.: Die Rolle des externen Rechnungswesens für die Krisenerkennung und Krisenüberwindung, in: Birker, K.; Pepels, W. (Hrsg.): Handbuch Krisenbewusstes Management, Berlin 2000, S. 64.

tert sich das Unternehmensergebnis. Die Strategiekrise tritt in der Phase der potentiellen Unternehmenskrise auf.

➢ Erfolgskrise
Die Erfolgskrise hat einen mittelfristigen Charakter. Umsatzrückgänge, Kostensteigerungen und Preisverfall bewirken Jahresfehlbeträge, die das Eigenkapital verringern. Man erkennt sie an einer stark gesunkenen Eigenkapitalquote. Weitere bedeutende Kennziffern zu Bilanzrelationen und Kostenstrukturen (z.b. der Verschuldungsgrad) verschlechtern sich. Überschuldung droht (die Überschuldung und ihre Ermittlung ist in Kapitel 5.2, S. 96 ff. dargestellt). Das Stadium der latenten Unternehmenskrise ist erreicht.

➢ Liquiditätskrise
Hat sich die Lage so weit verschlechtert, dass die Zahlungsfähigkeit des Unternehmens stark eingeschränkt ist oder ganz fehlt (beispielsweise aufgrund hoher Fremdfinanzierungskosten), liegt eine Liquiditätskrise vor. Sie tritt sehr deutlich nach außen in Erscheinung, z.B. bei fälligen Zinsen oder Lohnzahlungen, für die keine ausreichenden liquiden Mittel zur Verfügung stehen. Deshalb wird sie vor den anderen Krisenarten erkannt, obwohl sie erst nach ihnen auftritt. Schneller Handlungsbedarf ist gefragt. Eine Beseitigung dieser akuten, aber noch beherrschbaren Krise ist durch den Einsatz finanzwirtschaftlicher (Sofort-) Maßnahmen möglich.[1]

---

[1] Vgl. Fechner, D.: Praxis der Unternehmenssanierung, Neuwied; Kriftel 1999, S. 23 ff.

3 Erarbeitung eines Sanierungskonzepts

Die Analyse der Krisensituation ist die Grundlage zur Erstellung eines Sanierungskonzepts.[1] Es hat zum Ziel, eine drohende Insolvenz abzuwenden und mittelfristig die Ertragskraft des in die Krise geratenen Unternehmens wieder herzustellen. Wer ist daran beteiligt? Welche Maßnahmen müssen durchgeführt werden? Das Sanierungskonzept greift diese Fragen auf.[2] Es stellt die gesamten wirtschaftlichen Verhältnisse des Unternehmens und die bei der zukünftigen Entwicklung auftretenden Chancen und Risiken sowie ihre Beurteilung dar.[3]

Das Sanierungskonzept besteht aus 4 Teilen:

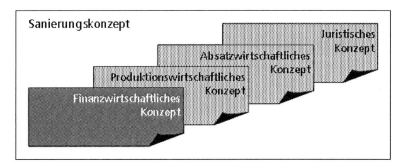

Abb. 4: Teile des Sanierungskonzepts
Quelle: Die Verfasserin

Das finanzwirtschaftliche Konzept stellt dar, wie im Rahmen der finanziellen Sanierung die Liquidität wieder gewonnen und die Überschuldung beseitigt werden kann. Es beinhaltet vor allem die zukünftige Finanzierung des Absatz- und Betriebskonzepts. Hierzu gehören unter anderem Kapitalerhöhungen, Stundungen, Forderungsverzichte und die Bereitstellung von Neukrediten. Bei mehre-

---

[1] Vgl. Birker, K.: Krisenbewältigung - Sanierung, Gesundung des Unternehmens, in: Birker, K.; Pepels, W. (Hrsg.): Handbuch Krisenbewusstes Management, Berlin 2000, S. 340.
[2] Vgl. Böckenförde, B.: Unternehmenssanierung, Stuttgart 1991, S. 50 f.
[3] Vgl. Lützenrath, C.; Peppmeier, K.; Schuppener, J.: Bankstrategien für Unternehmenssanierungen, Wiesbaden 2003, S. 47.

ren Bankverbindungen des zu sanierenden Unternehmens ist es sinnvoll, die Bildung eines Bankenpools vorzusehen. Die Maßnahmen des finanzwirtschaftlichen Konzepts werden in den folgenden Kapiteln näher erläutert. Inhalte des produktionswirtschaftlichen Konzepts sind hauptsächlich die Reduzierung der Personalkosten und die Stilllegung unrentabler Produktionsbereiche. Das absatzwirtschaftliche Konzept beschreibt die Marktentwicklung der Branche des Krisenunternehmens und die Bedeutung seiner Produkte auf diesem Markt. Es zeigt auch, in welcher Phase des Produktlebenszyklus sich die Angebotspalette befindet.[1] Im juristischen Konzept werden schließlich konkrete Verträge für die zuvor formulierten Maßnahmen erarbeitet.

Die Erstellung eines Sanierungskonzepts ist Aufgabe der Unternehmensführung. Da eine Krisensituation jedoch einen Ausnahmezustand bedeutet und das Management für die Entstehung einer Krise oft mitverantwortlich ist, bezieht es zur Ausarbeitung des Sanierungskonzepts häufig einen branchenkundigen Fachmann ein. So ist für die Gläubiger gewährleistet, dass ein unabhängiger Dritter die Krisenlage objektiv analysiert.[2]

Zuerst wird das Sanierungsgutachten in grobem Rahmen aufgestellt und es werden Sofortmaßnahmen zur Verbesserung der Zahlungsfähigkeit und/oder der Ertragslage eingeleitet. Dies dauert ungefähr 2 bis 6 Wochen. Daran schließt sich in einem Zeitraum von ca. 6 bis 24 Monaten eine detaillierte Gestaltung des Sanierungskonzepts und dessen konkrete Umsetzung an.[3]

Das Institut der Wirtschaftsprüfer (IDW) hat für das Sanierungskonzept bestimmte Mindestanforderungen festgelegt:

---

[1] Vgl. Obermüller, M.: Insolvenzrecht in der Bankpraxis, 6. Aufl., Köln 2002, S. 744 f.
[2] Vgl. Lützenrath, C.; Peppmeier, K.; Schuppener, J.: Bankstrategien für Unternehmenssanierungen, Wiesbaden 2003, S. 31.
[3] Vgl. Kraus, K.; Gless, S.: Unternehmensrestrukturierung/ -sanierung und strategische Neuausrichtung, in: Buth, A.; Hermanns, M. (Hrsg.): Restrukturierung, Sanierung, Insolvenz, München 1998, S. 106.

1. Beschreibung des Unternehmens
   Dazu gehören alle hauptsächlichen Daten des Unternehmens: Die bisherige Entwicklung, seine rechtlichen, finanzwirtschaftlichen (Ertrags-, Liquiditäts- und Vermögenslage) und leistungswirtschaftlichen Verhältnisse sowie seine Unternehmensorganisation.

2. Analyse des Unternehmens
   Sie enthält Sachverhalte und Zusammenhänge, die sich nicht direkt aus den vorhandenen Unternehmensdaten ablesen lassen. Zeigt sich bei der Analyse eine Überschuldung oder/und Zahlungsunfähigkeit, so muss das Sanierungskonzept darauf hinweisen. Die Unternehmensanalyse umfasst eine Krisenursachenanalyse sowie eine Beurteilung der Lage des Krisenunternehmens. Dabei stellt der Analyst die zukünftigen Chancen und Risiken der Gesellschaft dar. Eine Sanierung wird dann in Betracht gezogen, wenn die Wahrscheinlichkeit für ihren Erfolg mind. 50% beträgt[1].

3. Leitbild des sanierten Unternehmens
   Das Leitbild des Unternehmens nach Umsetzung der Sanierungsmaßnahmen ist ein weiterer Bestandteil des Sanierungskonzepts. Es beinhaltet die Vorgehensweisen und Potentiale der Gesellschaft, um wieder wettbewerbsfähig zu werden, z.B. die Entwicklung der Tätigkeitsfelder und Marktstrategien. Das Sanierungskonzept soll die Gläubiger davon überzeugen, dass das Unternehmen in Zukunft wieder wirtschaftliche Erträge erzielen kann. Dazu muss es eine strategische Ausrichtung haben, also eine Vision für die Sanierung. Dies soll die im Umfeld des Unternehmens Stehenden (vor allem Banken und Lieferanten) motivieren, sich am Sanierungsprozess mit geeigneten Beiträgen zu beteiligen[2].

---

[1] Vgl. Interview mit Herrn Heitzer, Voba K-N am 10.12.2004, vollständiges Interview siehe Anhang S. 149 ff.
[2] Vgl. Birker, K.: Krisenbewältigung - Sanierung, Gesundung des Unternehmens, in: Birker, K.; Pepels, W. (Hrsg.): Handbuch Krisenbewusstes Management, Berlin 2000, S. 340.

4. Maßnahmen zur Sanierung des Unternehmens
Sie dienen dazu, das beschriebene Leitbild zu realisieren. Die einzelnen finanzwirtschaftlichen, produktionswirtschaftlichen und absatzwirtschaftlichen Maßnahmen werden genau mit finanzieller Höhe, konkreten Umsetzungsterminen, ihren beabsichtigten Auswirkungen und den verantwortlichen Personen beschrieben.

5. Planverprobungsrechnung
Hier wird der Ablauf der Sanierung zahlenmäßig in zwei Teilen festgelegt. Im ersten Teil sind eine Plan-Gewinn- und Verlustrechnung, ein daraus abgeleiteter Finanzplan und eine Plan-Bilanz für verschiedene Zeitpunkte (monatlich, pro Quartal, pro Jahr) enthalten.[1] Der gesamte Planungszeitraum beträgt im wesentlichen 3 Jahre.[2] Die Rechnungen werden als best case- und worst case-Szenarien durchgeführt und so die Auswirkungen der eingesetzten Sanierungsmaßnahmen gezeigt. Auch die voraussichtlichen Kosten zur Erstellung des Sanierungskonzepts, für den Unternehmensberater und die Kontrolle der Sanierungsmaßnahmen sind berücksichtigt. Im zweiten Teil erfolgt ein Vergleich der Planrechnungen mit den Ist-Zahlen der Buchführung.[3]

Das Sanierungskonzept ist für das Management und für neue Investoren wichtig, um den Sanierungsablauf ständig vor Augen zu haben. Mitarbeiter und Partner des Unternehmens sollen damit in der Krisensituation motiviert werden. Außerdem dient das Sanierungsgutachten dazu, die Gläubiger zu überzeugen, sich ihrerseits an der Sanierung zu beteiligen. Je früher den wichtigsten Gläubigern ein Grobentwurf des Sanierungskonzepts vorgelegt wird, um so schwerer fällt es ihnen, sich gegen eine Sanierung zu stellen.[4]

---

[1] Vgl. König, A.: Spezifika bei der Sanierung von Produktionsunternehmen am Praxisfall, in: Finanz Colloquium Heidelberg GmbH (Hrsg.): Problematische Firmenkundenkredite, Heidelberg 2004, S. 384.
[2] Vgl. Perschel, M.: Krisenmanagement in kleineren und mittleren Unternehmen, Renningen 2003, S. 53.
[3] Vgl. Institut der Wirtschaftsprüfer: Anforderungen an Sanierungskonzepte, FAR 9/1991.
[4] Vgl. Seefelder, G.: Unternehmenssanierung, Stuttgart 2003, S. 90 ff.

Nachdem das Sanierungskonzept aufgestellt ist, müssen es alle darin vorgesehenen Beteiligen miteinander vereinbaren. Entscheidend für seine Annahme ist, dass die gegensätzlichen Interessen zwischen den Gläubigern und Eigentümern, aber auch innerhalb der Gläubiger bei der Erarbeitung berücksichtigt und die zu tragenden Lasten möglichst gleichmäßig verteilt werden.

Haben alle dem Sanierungskonzept zugestimmt, kann seine Umsetzung erfolgen.[1]

---

[1] Vgl. Obermüller, M.: Insolvenzrecht in der Bankpraxis, 6. Aufl., Köln 2002, S. 248 ff.

4 Umsetzung der finanzwirtschaftlichen Handlungsmöglichkeiten

Für die finanzielle Sanierung stehen einem Unternehmen viele Handlungsmöglichkeiten zur Verfügung. Dies ist sehr vorteilhaft, denn bevor mit der Sanierung begonnen wird, sind die liquiden Mittel des Krisenunternehmens oft bereits weitgehend bzw. vollständig aufgezehrt. Evtl. ist das Unternehmen schon überschuldet oder steht kurz davor. Schnelles Handeln und der Einsatz von finanzwirtschaftlichen Sanierungsmaßnahmen ist jetzt notwendig![1]

Nachdem aus dem folgenden Maßnahmenkatalog die geeigneten Handlungsmöglichkeiten ausgewählt wurden, kann die Unternehmensführung die einzelnen Sanierungsbeiträge mit den jeweiligen Gläubigern im Rahmen eines außergerichtlichen Vergleichs vertraglich abstimmen und so ihre Umsetzung sicherstellen.[2] Die Durchführung wird anhand von den im Sanierungskonzept festgelegten Zwischenzielen ständig überprüft. Die für die Sanierung verantwortlichen Personen können sich so laufend ein Bild vom Stand der Sanierung und dem Sanierungsfortschritt machen. Besonders die liquiditätsverbessernden Sofortmaßnahmen sollten täglich oder zumindest in kurzen Zeitabständen kontrolliert werden. Für den Fall, dass Planabweichungen auftreten, ist es sinnvoll, Toleranzgrenzen zu bestimmen.[3] So bleibt Zeit, die Abweichungen zu begründen, ihre Auswirkungen auf den weiteren Sanierungsverlauf darzustellen und durch überlegte Entscheidungen entsprechend zu reagieren.[4]

---

[1] Vgl. Klingebiel, N.: Die Rolle des externen Rechnungswesens für die Krisenerkennung und Krisenüberwindung, in: Birker, K.; Pepels, W. (Hrsg.): Handbuch Krisenbewusstes Management, Berlin 2000, S. 74.
[2] Vgl. Häger, M.: Checkbuch Überschuldung und Sanierung, 2. Aufl., Köln 2002, S. 64.
[3] Vgl. Seefelder, G.: Unternehmenssanierung, Stuttgart 2003, S. 101 ff.
[4] Vgl. König, A.: Praktische Vorgehensweise nach Abgabe in den Sanierungsbereich, in: Finanz Colloquium Heidelberg GmbH (Hrsg.): Problematische Firmenkundenkredite, Heidelberg 2004, S. 313.

4.1 Unternehmensinterne Handlungsmöglichkeiten

In diesem Kapitel werden Sanierungsmaßnahmen beschrieben, für die weitgehend keine Dritten benötigt werden. Hier erbringen Unternehmensinterne (z.B. die Geschäftsleitung oder die Gesellschafter bzw. Inhaber) die Sanierungsbeiträge. Handlungsmöglichkeiten von im Umfeld des Unternehmens Stehenden - vor allem von Gläubigern, aber auch von Kunden - sind in den Kapiteln 4.2 bis 4.5 dargestellt.

4.1.1 Kapitalerhöhung

Bei einer Kapitalerhöhung durch Geldeinlagen verbessert sich die Liquidität des Unternehmens. Mit den neuen Mitteln können die vorhandenen Verbindlichkeiten bedient und notwendige Restrukturierungsmaßnahmen finanziert werden. Außerdem sinkt mit der Zunahme des Eigenkapitals der Verschuldungsgrad. Die Kreditwürdigkeit steigt, eine evtl. Überschuldung wird verringert oder beseitigt, da sich durch den Liquiditätszufluss das Aktivvermögen erhöht. Viele Banken stellen bei einer Neukreditvergabe die Bedingung, dass zuvor eine Kapitalerhöhung erfolgt.[1] Eine weitere Möglichkeit zur Erhöhung des Eigenkapitals ist das Einbringen von Sacheinlagen. Sie wirkt sich allerdings nur auf die Überschuldung und nicht auf die Liquidität des sanierungsbedürftigen Unternehmens aus.[2] Eine Kapitalerhöhung kann sowohl durch die Gesellschafter eines sanierungsbedürftigen Unternehmens selbst als auch durch Dritte erfolgen.

4.1.1.1 Kapitalerhöhung durch Gesellschafter

Vor allem die Gesellschafter von börsennotierten Aktiengesellschaften, die keine persönliche Bindung an das notleidende Unternehmen haben, sind zur Erhöhung des Kapitals nur bereit, wenn der Ertrag aus den bisherigen und den neuen Anteilen zusammen vermutlich größer ist als aus den neuen Anteilen und dem Zerschlagungswert der alten Anteile.[3]

---

[1] Vgl. Seefelder, G.: Unternehmenssanierung, Stuttgart 2003, S. 130 f.
[2] Vgl. Manzel, I.; Manzel, T.: Wege aus der Unternehmenskrise, Köln 2003, S. 66.
[3] Vgl. Keller, R.: Unternehmenssanierung, Herne; Berlin 1999, S. 174.

Bei der Aktiengesellschaft wird am häufigsten eine ordentliche Kapitalerhöhung durchgeführt. Sie erfolgt durch Ausgabe neuer Aktien. Die bisherigen Aktionäre erhalten Bezugsrechte, mit denen sie junge Aktien erwerben können. Die Anzahl der Bezugsrechte richtet sich nach dem bisherigen Anteil am Grundkapital. Die Erlöse der AG für den Verkauf der jungen Aktien fließen in Höhe des Nennwertes in das Grundkapital. Das Agio als Differenz zwischen Ausgabekurs und Nennbetrag geht in die Kapitalrücklage ein.[1]

Beispiel: Eine AG möchte eine Kapitalerhöhung durchführen. Sie gibt 100.000 junge Aktien zum Preis von 8 € pro Stück aus; der Nennwert einer Aktie beträgt 5 €.

Kurs der jungen Aktie: 8 €
- Nennwert: 5 € → Grundkapital
- Agio: 3 € → Kapitalrücklage

Insgesamt erhöht sich das Grundkapital um 500.000 €, die Kapitalrücklage um 300.000 € und die Liquidität um 800.000 €.

Bilanz vor Kapitalerhöhung in T€

Aktiva		Passiva	
Anlagevermögen	4.790	Grundkapital	2.000
Umlaufvermögen		Kapitalrücklage	500
Waren	500	Fremdkapital	2.900
Ford.	100		
Zahlungsmittel	10		
Bilanzsumme	5.400	Bilanzsumme	5.400

Bilanz nach Kapitalerhöhung in T€

Aktiva		Passiva	
Anlagevermögen	4.790	Grundkapital	2.500
Umlaufvermögen		Kapitalrücklage	800
Waren	500	Fremdkapital	2.900
Ford.	100		
Zahlungsmittel	810		
Bilanzsumme	6.200	Bilanzsumme	6.200

Abb. 5: Auswirkungen einer Kapitalerhöhung auf die Bilanz
Quelle: Die Verfasserin

---

[1] Vgl. Drukarczyk, J.: Finanzierung, 8. Aufl., Stuttgart 1999, S. 312 f.

Eine ordentliche Kapitalerhöhung bei einer AG kann nur erfolgen, nachdem sich die Hauptversammlung mit ¾-Mehrheit der anwesenden Stimmen dafür entschieden hat, denn die Höhe des Grundkapitals ist im Gesellschaftsvertrag festgelegt. Dies bedeutet, dass die Hauptversammlung erst noch einberufen werden muss und frühestens einen Monat danach stattfinden kann.[1] Bis die Kapitalerhöhung schließlich tatsächlich erfolgt, vergehen insgesamt 2 bis 3 Monate.

Bei der Karstadt-Quelle AG, deren Umsatz stark zurückgegangen war, beschloss die Hauptversammlung am 22.11.2004, das Grundkapital von 301.459.904 € auf 539.645.824 € zu erhöhen. Dazu wurden junge Aktien im Verhältnis 8:7 (also für 8 alte 7 neue Aktien) zum Preis von 5,75 € je Stück ausgegeben. 2,56 € je Aktie gingen in das Grundkapital ein, der Restbetrag (abzüglich der Emissionskosten) in die Kapitalrücklage. Die Kapitalerhöhung war zur Abwehr einer Insolvenz notwendig. Das Eigenkapital ging innerhalb eines Jahres von 1.467,5 Mio. € auf 82,7 Mio. € im September 2004 zurück. Somit sank die Eigenkapitalquote von 14,8% auf nur noch knapp 1%! Die Hauptaktionäre Madeleine-Schickedanz-Fonds (Tochter des Versandhausgründers und deren Angehörige) mit 41,55% Anteil am Grundkapital sowie die Allianz/Dresdner Bank AG, Beteiligung 10,5%, übernahmen zus. 280 Mio. € (52,3%) des Kapitalerhöhungsbetrages. Die nicht ausgeübten Bezugsrechte wurden institutionellen Anlegern angeboten. Durch die Erhöhung des Kapitals rechnete die Karstadt-Quelle AG mit einem Zufluss an liquiden Mitteln von rund 535 Mio. €.[2]

In einer schon weit fortgeschrittenen Krisenphase ist häufig schneller Handlungsbedarf gefragt. In dieser Situation ist eine Kapitalerhöhung angebracht, die gleichzeitig mit einer Kapitalherabsetzung beschlossen wird. Somit kann die Kapitalerhöhung einer Kapitalgesellschaft bereits bei dem Jahresabschluss des letzten Geschäftsjahres berücksichtigt werden.[3]

---

[1] Vgl. § 182 Abs. 1 Satz 1 i.V.m. § 123 Abs. 1 AktG.
[2] Vgl. Karstadt-Quelle AG: Verkaufsprospekt, Frankfurt am Main; Düsseldorf 2004, S. 1 ff.
[3] Vgl. § 235 Abs. 1 AktG.

Eine Zufuhr neuer Mittel erfolgt auch im Rahmen einer genehmigten Kapitalerhöhung sofort, falls die Hauptversammlung in der Vergangenheit der Erhöhung des Kapitals während der nächsten fünf Jahre zugestimmt hat. Allerdings darf die Kapitalerhöhung hier nicht mehr als die Hälfte des bisherigen gezeichneten Kapitals betragen (§ 202 AktG). Diese Art der Kapitalerhöhung wurde 1995 im Rahmen der Sanierung der Metallgesellschaft AG durchgeführt.[1]

Die Aufbringung des für die AG notwendigen Kapitals ist nicht immer gewährleistet! Es ist nicht sicher, ob alle neuen Aktien gezeichnet werden, es sei denn, die beteiligten Banken geben eine Platzierungsgarantie ab und übernehmen somit den nicht untergebrachten Anteil. Dies dürfte bei einem Sanierungsfall aber nur äußerst selten vorkommen, da die Kreditinstitute dadurch die Risiken von Gesellschaftern auf sich nehmen.

Zum Sanierungsprogramm der Karstadt-Quelle AG gehörte auch die Ausgabe einer Wandelanleihe in Höhe von 140 Mio. € mit einer Laufzeit von 5 Jahren.[2] Wandelanleihen stellen eine weitere Möglichkeit zur Erhöhung des Kapitals und der liquiden Mittel dar. Die Aktionäre erhalten ein Bezugsrecht zum Kauf von Wandelanleihen, das auch an der Börse gehandelt wird. Der Eigentümer einer Wandelanleihe hat das Recht, während einer festgelegten Frist die Anleihe zu einem bestimmten Verhältnis in Aktien der emittierenden Gesellschaft umzutauschen. Gegebenenfalls muss er bei Wandlung Zuzahlungen leisten. Für diese können auch gestaffelte Beträge festgelegt werden, um damit den Wandlungszeitpunkt zu beschleunigen. Bei der Ausgabe der Wandelanleihe entsteht zunächst verzinsliches Fremdkapital in Höhe ihres Nominalwertes. Die Differenz zwischen Ausgabekurs und Nominalwert geht in die Kapitalrücklage ein. Erst bei Wahrnehmung des Wandlungsrechtes erfolgt eine bedingte Kapitalerhöhung um maximal 50% des Grundkapitals. Durch die Wandlung geht das Fremdkapital in zeitlich unbefristetes Eigenkapital über, die Tilgung der Anleihe entfällt. Die Zuzahlung erhöht die Liquidität und wird in die Kapital-

---

[1] Vgl. Eisele, W.: Technik des betrieblichen Rechnungswesens, 7. Aufl., München 2002, S. 1005.
[2] Vgl. o.V., 2004 online: Karstadt: Begibt Wandelanleihe. URL: http://www.lz-net.de

rücklage eingestellt. Für die Ausgabe von Wandelanleihen ist ein Hauptversammlungsbeschluss mit ¾-Mehrheit der anwesenden Stimmen notwendig.[1]

Beispiel: Emission einer Wandelanleihe im Nominalwert von 100 T€, aufgeteilt in 1.000 Stück zu je 100 €; Ausgabekurs 110 €:

Bilanz vor Emission Wandelanleihe in T€

Aktiva		Passiva	
Anlagevermögen	4.790	Grundkapital	2.000
Umlaufvermögen		Kapitalrücklage	500
Waren	500	Fremdkapital	2.900
Ford.	100		
Zahlungsmittel	10		
Bilanzsumme	5.400	Bilanzsumme	5.400

Bilanz nach Emission Wandelanleihe in T€

Aktiva		Passiva	
Anlagevermögen	4.790	Grundkapital	2.000
Umlaufvermögen		Kapitalrücklage	510
Waren	500	Fremdkapital	3.000
Ford.	100		
Zahlungsmittel	120		
Bilanzsumme	5.510	Bilanzsumme	5.510

Abb. 6: Auswirkungen der Emission von Wandelanleihen auf die Bilanz
Quelle: Die Verfasserin

Nach Ausübung aller Wandlungsrechte mit dem Umtauschverhältnis 1:20 (für eine Wandelanleihe bekommt man 20 Aktien mit einem Nennwert von je 5 €) und einer Zuzahlung von 0,50 € pro Aktie ergeben sich in der Bilanz die folgenden Änderungen:

---

[1] Vgl. Schäfer, H.: Unternehmensfinanzen, 2. Aufl., Heidelberg 2002, S. 221 ff.

Bilanz vor Ausübung Wandlungsrecht in T€

Aktiva		Passiva	
Anlagevermögen	4.790	Grundkapital	2.000
Umlaufvermögen		Kapitalrücklage	510
Waren	500	Fremdkapital	3.000
Forderungen	100		
Zahlungsmittel	120		
Bilanzsumme	5.510	Bilanzsumme	5.510

Bilanz nach Ausübung Wandlungsrecht in T€

Aktiva		Passiva	
Anlagevermögen	4.790	Grundkapital	2.100
Umlaufvermögen		Kapitalrücklage	520
Waren	500	Fremdkapital	2.900
Forderungen	100		
Zahlungsmittel	130		
Bilanzsumme	5.520	Bilanzsumme	5.520

Abb. 7: Auswirkungen der Ausübung von Wandlungsrechten auf die Bilanz
Quelle: Die Verfasserin

Für das notleidende Unternehmen besteht die Gefahr, dass der Inhaber einer Wandelschuldverschreibung nicht von seinem Wandlungsrecht Gebrauch macht. Dem kann durch die Ausgabe von Zwangswandelanleihen abgeholfen werden, bei denen eine Wandlungspflicht bis zu einem festgelegten Zeitpunkt besteht.[1]

Bei großen AG's haben die Eigentümer oft keine so starke Bindung an das Unternehmen, wie z.B. die Gesellschafter bei Personenunternehmen. Sie werden folglich nicht ohne weiteres bereit sein, in Krisensituationen neues Kapital zur Verfügung zu stellen. Deshalb sind Anreize notwendig, die das vorhandene Risiko abmildern sollen: Sonderkonditionen, Umtausch von Stamm- in Vorzugsaktien, höhere Beteiligung am Liquidationserlös, ein erfolgversprechendes Sanierungskonzept usw.[2]

---

[1] Vgl. Schäfer, H.: Unternehmensfinanzen, 2. Aufl., Heidelberg 2002, S. 233.
[2] Vgl. Fechner, D.: Praxis der Unternehmenssanierung, Neuwied; Kriftel 1999, S. 201.

Aufgrund des in einer Krisensituation herrschenden Zeitdrucks gibt es bei der GmbH die Möglichkeit, sofort Zahlungen zur Stärkung des Eigenkapitals zu leisten, auch wenn die Kapitalerhöhung in der Gesellschafterversammlung noch nicht beschlossen ist. Allerdings müssen die Gesellschafter eine Kapitalerhöhung schon miteinander abgemacht haben. Außerdem ist es wichtig, dass im Zeitpunkt der Einzahlung bereits konkrete Vorbereitungen für die erforderliche Gesellschafterversammlung getroffen wurden. Ist dies erfüllt, so sind die Zahlungen der Gesellschafter Vorauszahlungen, welche sie mit den nach dem Kapitalerhöhungsbeschluss erforderlichen Einlagen verrechnen dürfen.

Bei der Kapitalerhöhung können die Gesellschafter einer GmbH Übernahmeerklärungen für neue Stammeinlagen abgeben. Das Bezugsrecht hierfür richtet sich nach der bisherigen Beteiligung. Nach herrschender Meinung haften alle übrigen Gesellschafter gesamtschuldnerisch für die nicht erbrachten Einlagen einzelner Gesellschafter. Somit ist die Aufbringung des notwendigen Stammkapitals auf jeden Fall gewährleistet.[1]

GmbH-Gesellschafter können eine Kapitalerhöhung auch im Rahmen einer Nachschusspflicht durchführen, falls sie laut Satzung dazu verpflichtet sind, über ihre Stammeinlage hinaus zusätzliche Mittel nach dem Verhältnis der Geschäftsanteile in die Gesellschaft einzubringen. Ist in der Satzung keine Nachschusspflicht festgelegt, kann diese auch noch nachträglich mit Zustimmung aller Gesellschafter vereinbart werden.[2] Dazu müssen die Gesellschafter den Gesellschaftsvertrag ändern, da auch bei der GmbH die Höhe des Stammkapitals schriftlich festgelegt ist. Die gesetzliche Frist zur Einberufung der hierfür notwendigen Gesellschafterversammlung dauert eine Woche.[3]

Durch den Zufluss neuer Mittel bei der Kapitalerhöhung verlängert sich die Bilanz einer Kapitalgesellschaft. Doch der ausgewiesene

---

[1] Vgl. Harz, M.; Hub, H.; Schlarb, E.: Sanierungsmanagement, 2. Aufl., Stuttgart 1999, S. 219 ff.
[2] Vgl. Klunzinger, E.: Grundzüge des Gesellschaftsrechts, 12. Aufl., München 2002, S. 256.
[3] Vgl. § 53 Abs. 1 und 3 i.V.m. § 51 Abs. 1 GmbHG.

Verlust würde trotzdem in der Bilanz stehen bleiben. Deshalb eignet sich die ordentliche Kapitalerhöhung nur in einer Liquiditätskrise, ohne dass ein Verlust besteht. Andernfalls muss zur Beseitigung des Verlustes vor der Kapitalerhöhung eine vereinfachte Kapitalherabsetzung durchgeführt werden (siehe Kapitel 4.1.2, S. 38 f.). Das gezeichnete Kapital wird dann zunächst mit dem Verlust verrechnet. Dabei handelt es sich um eine doppelstufige Sanierung.[1]

Bei Personengesellschaften und Einzelunternehmen ist eine Kapitalerhöhung am einfachsten abzuwickeln. Die Unternehmer können ihre Kapitalkonten ohne besondere Bedingungen auffüllen und so die Kreditwürdigkeit ihres Unternehmens erhöhen.[2] Deshalb ist hier die Kapitalerhöhung auch als Sofortmaßnahme geeignet.

4.1.1.2 Kapitalerhöhung durch Dritte

Neben der Kapitalerhöhung durch die bisherigen Gesellschafter bietet es sich im Rahmen einer Sanierung an, auch noch Mittel Dritter zur Erhöhung des Kapitals heranzuziehen.

Außenstehende Dritte als neue Gesellschafter zu finden, ist sehr schwierig. Sie achten besonders darauf, ob im Unternehmen langfristige Erfolgspotentiale stecken, wie z.B. aussichtsreiche Produkte, Patente und Lizenzen. Deshalb gestaltet sich die Suche nach einem neuen Gesellschafter für Unternehmen einfacher, die ausschließlich mit Liquiditätsengpässen kämpfen, deren Ertrag aber zumindest nicht negativ ist.[3]

Beteiligen sich Dritte an einer Kapitalerhöhung einer Aktiengesellschaft, müssen sie erst die zum Kauf junger Aktien erforderlichen Bezugsrechte erwerben.[4]

---

[1] Vgl. Keller, R.: Unternehmenssanierung, Herne; Berlin 1999, S. 175.
[2] Ebd.
[3] Vgl. Fechner, D.: Praxis der Unternehmenssanierung, Neuwied; Kriftel 1999, S. 201.
[4] Vgl. Olfert, K.; Reichel, C.: Finanzierung, 12. Aufl., Ludwigshafen (Rhein) 2003, S. 240.

Bei Personenunternehmen erfolgt die Kapitalerhöhung durch Aufnahme neuer Gesellschafter, die allerdings dann auch ein Mitspracherecht bei der Geschäftsführung erhalten, falls es sich nicht um Kommanditisten handelt.[1]

Vor allem bei der GmbH bietet es sich an, das Kapital mit Hilfe eines atypischen stillen Gesellschafters zu erhöhen. Dieser tritt nach außen nicht in Erscheinung. So erregt die Sanierung kein öffentliches Aufsehen. Im Gegensatz zu einer Beteiligung als GmbH-Gesellschafter kann die stille Gesellschaft nach überstandener Krise leichter wieder aufgehoben oder vermindert werden. Ein atypischer stiller Gesellschafter hat nicht nur einen Anteil am Gewinn bzw. Verlust, sondern auch an den stillen Reserven und evtl. noch am Geschäftswert. Außerdem hat er bei bestimmten Geschäften ein Zustimmungsrecht.[2] Verluste aus der Beteiligung kann der atypische Gesellschafter als negative Einkünfte aus Gewerbebetrieb innerhalb bestimmter Grenzen mit positiven Einkünften anderer Einkunftsarten verrechnen. Dadurch verringert sich seine Steuerlast.[3] Die Einlage eines atypischen stillen Gesellschafters wird als Eigenkapital bilanziert. Neben einer Verbesserung der Liquidität wirkt sie sich überdies positiv auf die Überschuldung aus. Die typische stille Beteiligung wird in der Bilanz als Fremdkapital ausgewiesen.[4] Die Überschuldungssituation verändert sich nicht, weil sich mit der Aufnahme des „Fremdkapitals" das Vermögen durch die zusätzliche Liquidität ebenfalls erhöht. Diese Form der stillen Beteiligung ist besonders in Liquiditätskrisen geeignet.

Ebenso kann ein notleidendes Unternehmen durch die Ausgabe von (evtl. verbrieften) Genussrechten sein Eigenkapital erhöhen. Im Gegenzug für die Einbringung von zusätzlichem Kapital räumt die Gesellschaft dem Dritten Rechte (wie beispielsweise eine Gewinn-

---

[1] Vgl. Dettmer, H.; Hausmann, T.: Finanzmanagement, 2. Aufl., München; Wien 1998, S. 253.
[2] Vgl. Häger, M.: Checkbuch Überschuldung und Sanierung, 2. Aufl., Köln 2002, S. 48 f.
[3] Vgl. Juncker, K.; Priewasser, E.: Handbuch Firmenkundengeschäft, Frankfurt am Main 1993, S. 529.
[4] Vgl. Coenenberg, A.: Jahresabschluß und Jahresabschlussanalyse, 17. Aufl., Landsberg/Lech 2000, S. 321.

beteiligung) ein, die normalerweise nur ein Gesellschafter hat. Er darf jedoch nicht an der Geschäftsführung mitwirken.

Das überlassene Kapital wird allerdings nur dann zum Eigenkapital gezählt, wenn die folgenden Bedingungen erfüllt sind:
- Das Genussrechtskapital ist gegenüber den Forderungen aller anderen Gläubiger nachrangig.
- Verluste der Gesellschaft werden zunächst mit dem Genussrechtskapital verrechnet und gehen erst danach zu Lasten des gegen Ausschüttungen geschützten Eigenkapitals. Außerdem darf aus diesem Eigenkapital keine Vergütung an den Genussrechtsinhaber erfolgen.
- Das überlassene Kapital steht für einen längerfristigen Zeitraum zur Verfügung.[1]

Die Kapitalerhöhung durch Dritte erfolgt evtl. im Rahmen einer Sanierungsgesellschaft (wie in Kapitel 6, S. 115 ff. beschrieben). Die Kapitalerhöhung ist eine bedeutende Sanierungsmaßnahme, da eine verbesserte Struktur des Kapitals die Grundlage für weitere Sanierungsmöglichkeiten schafft.[2]

4.1.2 Kapitalherabsetzung

Liegt der Kurs einer Aktie unter ihrem Nennwert, dürfen nach § 9 Abs. 1 AktG keine neuen Aktien zu diesem Kurs ausgegeben werden. Das Grundkapital gilt als (teilweise) verloren. Würden in dieser Situation dennoch - aber zum Nennwert - weitere Aktien emittiert, wäre niemand bereit, diese zu zeichnen, da man am Markt alte Aktien günstiger haben könnte. Deshalb muss das Grundkapital so weit herabgesetzt werden, dass der Nennbetrag wieder dem Kurs der Aktien am Markt entspricht. Erst danach ist eine erfolgreiche Kapitalerhöhung möglich, durch die dem Unternehmen liquide Mittel zufließen.

Die Kapitalherabsetzung ohne eine anschließende Kapitalerhöhung ist eigentlich kein Beitrag zur Sanierung eines Unternehmens. Hier wird die Bilanz nur an die tatsächliche Unternehmenssituation an-

---

[1] Vgl. Keller, R.: Unternehmenssanierung, Herne; Berlin 1999, S. 176 f.
[2] Vgl. Böckenförde, B.: Unternehmenssanierung, Stuttgart 1991, S.144.

gepasst. Es handelt sich um eine bilanzbereinigende Maßnahme, denn die Kapitalherabsetzung beseitigt bei Kapitalgesellschaften einen Verlust, der vorher in der Bilanz ausgewiesen wurde und damit eine Unterbilanz (siehe Kapitel 5.2, S. 97).[1] Bei Personengesellschaften und Einzelunternehmen kommt eine Kapitalherabsetzung im Zusammenhang mit einer Sanierung des Unternehmens nicht in Betracht, da dort kein Ausweis des Verlusts in der Bilanz erfolgt.

Bei der Kapitalherabsetzung einer AG gibt es drei verschiedene Formen:
- Ordentliche Kapitalherabsetzung
- Vereinfachte Kapitalherabsetzung
- Kapitalherabsetzung durch Einziehung von Aktien

Die ordentliche Kapitalherabsetzung ist für Sanierungszwecke nur geeignet, „wenn das Unternehmen, gemessen an seiner Geschäftstätigkeit, überkapitalisiert ist und über keine ausreichende Eigenkapitalrentabilität verfügt".[2] Ihre buchtechnische Durchführung entspricht der bei der vereinfachten Kapitalherabsetzung. Diese stellt die typische Form im Rahmen einer Sanierung dar und ist mit einer anschließenden Kapitalerhöhung verbunden, mit der das Mindestkapital wieder erreicht wird.[3] Für beide Maßnahmen ist eine ¾-Mehrheit des in der Hauptversammlung vertretenen Grundkapitals notwendig.

Spezielle Voraussetzung für die vereinfachte Kapitalherabsetzung ist, dass die Summe aus Kapital- und gesetzlicher Rücklage nicht mehr als 10% des später herabgesetzten Grundkapitals beträgt. Es dürfen keine Gewinnrücklagen und kein Gewinnvortrag mehr vorhanden sein! Der Nennbetrag pro Aktie wird reduziert. Er muss jedoch mindestens 1 € betragen, ansonsten erfolgt ein Zusammen-

---

[1] Vgl. Klingebiel, N.: Die Rolle des externen Rechnungswesens für die Krisenerkennung und Krisenüberwindung, in: Birker, K.; Pepels, W. (Hrsg.): Handbuch Krisenbewusstes Management, Berlin 2000, S. 76 f.
[2] Eisele, W.: Technik des betrieblichen Rechnungswesens, 7. Aufl., München 2002, S. 987.
[3] Vgl. Buth, A.; Hermanns, M.: Finanzwirtschaftliche Aspekte der Fortführung von Krisenunternehmen, in: Buth, A.; Hermanns, M. (Hrsg.): Restrukturierung, Sanierung, Insolvenz, München 1998, S. 226.

legen der Aktien, z.B. durch den Umtausch von fünf alten Aktien in eine neue Aktie, wie das im Rahmen der 2001 bis 2002 durchgeführten Sanierung des US-amerikanischen Speicherlaufwerke- und Diskettenherstellers Iomega der Fall war.[1] Der nach der Verlustverrechnung übrige Teil der Kapitalherabsetzung wird in die Kapitalrücklage eingestellt. Das Kapital kann maximal so weit reduziert werden, dass nach der Kapitalherabsetzung die Kapitalrücklage einschließlich gesetzlicher Rücklage ebenfalls nicht mehr als 10% des neuen Grundkapitals beträgt.[2]

Beispiel für eine vereinfachte Kapitalherabsetzung:

Bilanz vor Kapitalherabsetzung in T€

Aktiva		Passiva	
Anlagevermögen	4.790	Grundkapital	2.000
Umlaufvermögen		Kapitalrücklage	0
Waren	500	Verlustvortrag	-400
Forderungen	100	Jahresfehlbetrag	-100
Zahlungsmittel	10	Fremdkapital	3.900
Bilanzsumme	5.400	Bilanzsumme	5.400

Bilanz nach max. Kapitalherabsetzung in T€

Aktiva		Passiva	
Anlagevermögen	4.790	Grundkapital	1.364
Umlaufvermögen		Kapitalrücklage	136
Waren	500	Verlustvortrag	0
Forderungen	100	Jahresfehlbetrag	0
Zahlungsmittel	10	Fremdkapital	3.900
Bilanzsumme	5.400	Bilanzsumme	5.400

Abb. 8: Auswirkungen der vereinfachten Kapitalherabsetzung auf die Bilanz
Quelle: Die Verfasserin

---

[1] Vgl. Hohensee, M.: Prinzip Rasierklinge, in: Wirtschaftswoche 14/2003, S. 65.
[2] Vgl. Eisele, W.: Technik des betrieblichen Rechnungswesens, 7. Aufl., München 2002, S. 986 ff.

Berechnung des maximalen Kapitalherabsetzungsbetrages:

VV + JF + 10% des neuen GK = altes GK - neues GK
400 + 100 + 0,1 · neues GK = 2000 - neues GK
1,1 · neues GK = 1500
neues GK = $\frac{1500}{1,1}$ = 1364

Altes GK - neues GK = maximaler Kapitalherabsetzungsbetrag
2000 - 1364 = 636
(Aufteilung: Verbrauch 500 für VV + JF; Rest: 136 = Kapitalrücklage)

Bei der Kapitalherabsetzung durch Einziehung von Aktien reduziert sich das Grundkapital um den Anteil, den die eingezogenen Aktien vor der Kapitalherabsetzung am gezeichneten Kapital hatten. Verfügt die Gesellschaft noch über ausreichende Liquidität, z.B. durch den Verkauf eines nicht betriebsnotwendigen Grundstücks, kann sie eigene Aktien unter Nennwert zum Zweck der Einziehung zurückkaufen. Als Differenz zum Nennwert entsteht ein Gewinn, der mit dem Verlustvortrag und Jahresfehlbetrag verrechnet wird. Für diese Maßnahme und die zwangsweise Einziehung von Aktien gegen Rückzahlung des Kapitals (die in der Satzung festgelegt ist oder wird) ist eine ¾-Mehrheit der in der Hauptversammlung abgegebenen Stimmen erforderlich. Stellen Aktionäre die Aktien dagegen unentgeltlich zur Verfügung, so reicht eine einfache Mehrheit aus.[1]

Beispiel für eine Kapitalherabsetzung durch entgeltliche Einziehung von Aktien:
Kapitalherabsetzungsbetrag 1 Mio. €; Erwerb von 200 TSt. 5-€-Aktien zum Kurs von 2 € → Kaufpreis insgesamt 400 T€; Finanzierung des Kaufpreises durch Verkauf eines nicht betriebsnotwendigen Grundstücks zum Buchwert von 400 T€

---

[1] Vgl. Wöhe, G.: Einführung in die allgemeine Betriebswirtschaftslehre, 21. Aufl., München 2002, S. 801 f.

Bilanz vor Kapitalherabsetzung in T€

Aktiva		Passiva	
Anlagevermögen	4.790	Grundkapital	2.000
Umlaufvermögen		Kapitalrücklage	0
Waren	500	Verlustvortrag	-400
Forderungen	100	Jahresfehlbetrag	-100
Zahlungsmittel	10	Fremdkapital	3.900
Bilanzsumme	5.400	Bilanzsumme	5.400

Bilanz nach Kapitalherabsetzung in T€

Aktiva		Passiva	
Anlagevermögen	4.390	Grundkapital	1.000
Umlaufvermögen		Kapitalrücklage	100
Waren	500	Verlustvortrag	0
Forderungen	100	Jahresfehlbetrag	0
Zahlungsmittel	10	Fremdkapital	3.900
Bilanzsumme	5.000	Bilanzsumme	5.000

Abb. 9: Auswirkungen einer Kapitalherabsetzung durch entgeltliche Einziehung von Aktien auf die Bilanz
Quelle: Die Verfasserin

Überschuss für VV, JF und KRL = (Nennwert - Kurswert) · Stückzahl
Überschuss für VV, JF und KRL = (5 - 2) · 200 = 600
(Aufteilung: Verbrauch 500 für VV + JF; Rest: 100 = Kapitalrücklage)

Bei der Hauptversammlung kann der Vorstand auch eine Alternativsanierung anbieten. Dabei hat jeder Aktionär ein Wahlrecht zwischen Reduzierung des Nennwertes bzw. Zusammenlegung der Aktien und Zuzahlung liquider Mittel in eine erfolgsneutrale Kapitalrücklage, die dann mit dem Bilanzverlust verrechnet wird.[1]

Eine Kapitalherabsetzung mit einer anschließenden Kapitalerhöhung erfolgte im Jahr 2000 bei der Sanierung der Philipp Holzmann AG. Zuerst wurde das Grundkapital von 148,4 Mio. € auf 5,7 Mio. € herabgesetzt und die dadurch gewonnenen 142,7 Mio. € mit dem bestehenden Jahresfehlbetrag verrechnet.

---

[1] Vgl. Eisele, W.: Technik des betrieblichen Rechnungswesens, 7. Aufl., München 2002, S. 992.

1999 betrug dieser 1.383,5 Mio. €! Daran schloss sich eine Erhöhung des Grundkapitals auf 13,3 Mio. € an. Hierzu wurden 7,6 Mio. Stückaktien zum Kurs von 85 € je Aktie ausgegeben. Die Gesellschaft erhielt durch die Kapitalerhöhung einen Liquiditätszufluss von 85 · 7,6 Mio. = 646 Mio. €. Neben der Erhöhung des Grundkapitals um 7,6 Mio. € gingen 638,4 Mio. € in die Kapitalrücklage ein.[1]

Bei der GmbH wird speziell zur Deckung eines Verlustes eine vereinfachte Kapitalherabsetzung durchgeführt. Vereinfacht deshalb, weil kein Sperrjahr eingehalten werden muss, bis die Kapitalherabsetzung stattfinden kann. Außerdem muss die GmbH den Gläubigern keine Sicherheiten stellen.[2]

Voraussetzungen für die vereinfachte Kapitalherabsetzung:
- Die Summe aus Kapital- und Gewinnrücklagen beträgt nicht mehr als 10% des später herabgesetzten Stammkapitals.
- Der Gewinnvortrag ist schon vollständig aufgelöst.
- Die Nennwerte der Geschäftsanteile müssen an das herabgesetzte Stammkapital angepasst werden.
- Wird das Stammkapital unter 25 T€ herabgesetzt, ist - wie bei der AG - eine anschließende Kapitalerhöhung erforderlich, um diesen Mindestnennbetrag wieder herzustellen.[3]

Nachteile der Kapitalherabsetzung sind hohe Kosten für die notwendige notarielle Beurkundung, die Anmeldung der Eintragung ins Handelsregister und für die Eintragung selbst. Außerdem können durch die öffentliche Bekanntmachung Imageschäden entstehen, die den weiteren Sanierungsverlauf negativ beeinflussen. Bei der GmbH kann zur Beseitigung des Verlusts deshalb anstelle der Kapitalherabsetzung auch ein freiwilliger Nachschuss erfolgen. Er ist günstiger und einfacher durchzuführen[4] und beseitigt eine

---

[1] Vgl. Eisele, W.: Technik des betrieblichen Rechnungswesens, 7. Aufl., München 2002, S. 1009 ff.
[2] Vgl. Schmidt, A.; Brinkmeier, T.: GmbH-Taschenbuch: Steuer- und Gesellschaftsrecht von A-Z, 7. Aufl., Köln 2001, S. 437.
[3] Vgl. § 58a GmbHG.
[4] Vgl. Seefelder, G.: Unternehmenssanierung, Stuttgart 2003, S. 132.

Überschuldung, da durch den Nachschuss das Aktivvermögen steigt, die Verbindlichkeiten sich jedoch nicht ändern. Die gleiche Wirkung wie bei der Kapitalherabsetzung wird auch durch die Auflösung von Rücklagen erzielt. Dies spielt in einer Unternehmenskrise jedoch kaum eine Rolle, da in dieser Situation gewöhnlich keine aufzulösenden Rücklagen mehr vorhanden sind.[1]

4.1.3 Aufnahme von Gesellschafterdarlehen

Braucht eine Kapitalgesellschaft sofort Liquidität, um z.B. durch Vorauskasse dringend benötigte Produktionsgüter zu bezahlen, ist es viel zu umständlich, erst noch eine Kapitalerhöhung durchzuführen. Der Gesellschafter bezahlt die Rechnung sofort von seinem Privatkonto und verbucht den Sachverhalt als Gesellschafterdarlehen. Zudem ist diese Sanierungsmaßnahme im Vergleich zur Kapitalerhöhung kostengünstiger, da sie keine Eintragung ins Handelsregister und keine notarielle Beurkundung erfordert. Die knappen liquiden Mittel werden geschont. Ein weiterer Vorteil gegenüber der Kapitalerhöhung: Nach erfolgreich überstandener Krise erhält der Gesellschafter sein Geld zurück, während es bei der Kapitalerhöhung dauerhaft im Unternehmen gebunden ist.[2]

Bei Aktiengesellschaften sind Gesellschafterdarlehen aber eher ungewöhnlich - im Gegensatz zur GmbH und GmbH & Co. KG. Hier haben sie einen größeren Stellenwert, denn ihre Gewährung unterliegt keinen besonderen gesetzlichen Bestimmungen wie die Kapitalerhöhung.[3] Allerdings gelten die Regelungen zum Kapitalersatz und zur Kapitalerhaltung: Um den Fortbestand der Gesellschaft zu gewährleisten, darf das zur Erhaltung des Stammkapitals notwendige Vermögen nicht an die Gesellschafter ausbezahlt werden (§ 30 Abs. 1 GmbHG). Daraus folgt, dass eine Rückzahlung von Gesellschafterdarlehen nur aus dem das Stammkapital übersteigenden Vermögen möglich ist. Wird dies gerade in Krisensituationen nicht beachtet, ist eine verbotene Rückzahlung eingetreten, die nach § 31 Abs. 1 GmbHG dem Unternehmen erstattet werden

---

[1] Vgl. Klingebiel, N.: Die Rolle des externen Rechnungswesens für die Krisenerkennung und Krisenüberwindung, in: Birker, K.; Pepels, W. (Hrsg.): Handbuch Krisenbewusstes Management, Berlin 2000, S. 76 f.
[2] Vgl. Seefelder, G.: Unternehmenssanierung, Stuttgart 2003, S. 132.
[3] Vgl. Klingebiel, N. a.a.O., S. 76.

muss. Ein eigenkapitalersetzendes Gesellschafterdarlehen liegt vor, wenn der Gesellschafter dem Unternehmen, das sich schon in einer Krisensituation befindet, ein Darlehen gibt. Ein Dritter hätte zu diesem Zeitpunkt den Kredit überhaupt nicht oder zumindest nicht zu Marktkonditionen gewährt. Ohne diese zusätzlichen Mittel würde die Insolvenz oder die Liquidation unmittelbar bevorstehen. Die Vorschriften zum Eigenkapitalersatz (§§ 32a und 32b GmbHG für die GmbH und § 172a HGB für die GmbH & Co. KG) beinhalten, dass das Gesellschafterdarlehen im Insolvenzfall nur nachrangig bedient wird. Sie gelten auch für die OHG und KG, falls nur juristische Personen Gesellschafter sind (§ 129a HGB). Um auch noch nachrangige Darlehen zu bedienen, reicht die Insolvenzmasse i.d.R. nicht aus. Scheitert die Sanierung, gehen deshalb die Gesellschafter, die eigenkapitalersetzende Darlehen gewährt haben, in den häufigsten Fällen leer aus. Außerdem müssen sie dann alle Rückzahlungen dem Unternehmen erstatten, die von diesem in der Insolvenz oder bis ein Jahr davor geleistet wurden (§ 135 Nr. 2 InsO). Zu beachten ist: Auch außerhalb des Insolvenzfalles dürfen eigenkapitalersetzende Gesellschafterdarlehen nicht getilgt und keine Zinszahlungen geleistet werden. Auch ein Darlehen, das schon vor der Krisenlage gegeben wurde und das der Unternehmer in der Krisensituation mit dem Zweck verlängert, die Liquidation oder Insolvenz der Gesellschaft abzuwenden, ist eigenkapitalersetzend.[1]

Die Rechtsprechung ist sich nicht darüber einig, ob ein eigenkapitalersetzendes Darlehen bei der Ermittlung der Überschuldung zu berücksichtigen ist. Die Eigenkapitalersatzregeln gelten auch, wenn ein Gesellschafter der GmbH Zahlungsraten stundet.[2]

Bei nicht geschäftsführenden Gesellschaftern kommen die Eigenkapitalersatzvorschriften in Ausnahmefällen nicht zur Anwendung. Diese sind in Kapitel 4.2.6, S. 81 f. dargestellt.

Generell sehen außenstehende Gläubiger die Gewährung von Gesellschafterdarlehen eher skeptisch an. Sie sind weniger dazu ge-

---
[1] Vgl. Seefelder, G.: Unternehmenssanierung, Stuttgart 2003, S. 31.
[2] Vgl. Schmidt, A.; Brinkmeier, T.: GmbH-Taschenbuch: Steuer- und Gesellschaftsrecht von A-Z, 7. Aufl., Köln 2001, S. 181 ff.

neigt, ihrerseits Sanierungsbeiträge zu leisten, wenn der Gesellschafter selbst nur Fremdkapital zur Verfügung stellt und nicht bereit ist, Eigenkapital in die Gesellschaft einzubringen.[1]

Hat ein Gesellschafter seinem Unternehmen schon vor Eintritt der Krisensituation ein Darlehen gewährt, kann er einen Sanierungsbeitrag leisten, indem er nun auf das Darlehen verzichtet. Beim werthaltigen Teil der Forderung handelt es sich dann um eine Einlage. Der wertlose Teil der Forderung verringert dagegen den Verlust der GmbH bzw. erhöht ertragswirksam ihren Gewinn. Liegt ein Forderungsverzicht mit Besserungsschein (vgl. Kapitel 4.2.3.2, S. 65 f.) vor, wird in der GmbH-Bilanz für die Dauer der Krise Eigenkapital gebildet.[2] Gibt der Gesellschafter für sein Darlehen hingegen eine Rangrücktrittserklärung ab, muss er es bei der Ermittlung der Überschuldung nicht berücksichtigen.[3]

Bei Einzelunternehmen und Personengesellschaften gibt es keine Darlehen der Inhaber bzw. Gesellschafter, weil in diesem Fall eine Privateinlage vorliegt.[4]

Eine andere Möglichkeit des Unternehmers, die Gesellschaft in einer Krisenlage zu unterstützen, ist die Gewährung einer Nutzungsüberlassung: Der Gesellschafter gibt keinen Kredit zur Finanzierung von betriebsnotwendigen Vermögensgegenständen, sondern er stellt gleich die benötigten Güter zur Verfügung, so dass das Unternehmen Kosten spart. Beispielsweise nutzt der Gesellschafter einer GmbH sein Privatfahrzeug (gegen Entschädigung) für geschäftliche Fahrten. Gegebenenfalls kann die Gesellschaft ihren vorhandenen Firmenwagen verkaufen und zusätzliche Liquidität gewinnen. Nach Meinung der Verfasserin sind Nutzungsüberlassungen dann sinnvoll, wenn ein anderes Unternehmen Gesellschafter ist und dem Krisenunternehmen Sachwerte überlässt. Es wird

---

[1] Vgl. Klingebiel, N.: Die Rolle des externen Rechnungswesens für die Krisenerkennung und Krisenüberwindung, in: Birker, K.; Pepels, W. (Hrsg.): Handbuch Krisenbewusstes Management, Berlin 2000, S. 76.
[2] Vgl. Schmidt, A.; Brinkmeier, T.: GmbH-Taschenbuch: Steuer- und Gesellschaftsrecht von A-Z, 7. Aufl., Köln 2001, S. 127.
[3] Vgl. Manzel, I.; Manzel, T.: Wege aus der Unternehmenskrise, Köln 2003, S. 63.
[4] Vgl. Drukarczyk, J.: Finanzierung, 8. Aufl., Stuttgart 1999, S. 400.

wohl eher selten sein, dass ein Unternehmer speziell dafür neue Gegenstände kauft. In diesem Fall kann er die Mehrwertsteuer privat nicht geltend machen. Sachwerte, die er schon privat besitzt und die dem Unternehmen nutzen, sind vor allem Grundstücke und Fahrzeuge. Doch braucht ein Unternehmen in einer Krisenlage noch ein neues Grundstück?

Auch eine Nutzungsüberlassung kann eigenkapitalersetzend werden, wenn das Unternehmen nicht mit Sicherheit in der Lage ist, das Nutzungsentgelt und die Kosten für evtl. auftretende Schäden am Vermögensgegenstand aufzubringen. Es gelten dann die gleichen Regelungen wie bei den eigenkapitalersetzenden Gesellschafterdarlehen.[1]

4.1.4 Veräußerung von Vermögen

Zum nicht betriebsnotwendigen Vermögen eines Unternehmens gehören alle Wertgegenstände des Anlage- und Umlaufvermögens, die nicht unmittelbar für den Unternehmenszweck nützlich sind. Dies sind z.B. für die operativen Tätigkeiten der Gesellschaft nicht benötigte liquide Mittel, Forderungen, Wertpapiere und Beteiligungen.[2] Beispielsweise trennte sich der Karstadt-Quelle-Konzern von einer Beteiligung an der US-amerikanischen Kaffeehauskette Starbucks und erzielte dadurch mehr als 18 Mio. € liquide Mittel.[3] Das nicht betriebsnotwendige Vermögen umfasst auch Grundstücke und Gebäude, welche die Unternehmensführung irgendwann einmal aufgrund von Expansionsabsichten erwarb, die aber wegen der eingetretenen Krise oder einer sich geänderten Unternehmensstrategie nicht mehr benötigt werden. Bei der Telekom war die Veräußerung von Immobilien eine von vielen Sanierungsmaßnahmen, die Konzernchef Kai-Uwe Ricke seit November 2002 durchgeführt hat.[4]

---

[1] Vgl. Seefelder, G.: Unternehmenssanierung, Stuttgart 2003, S. 33.
[2] Vgl. Klingebiel, N.: Die Rolle des externen Rechnungswesens für die Krisenerkennung und Krisenüberwindung, in: Birker, K.; Pepels, W. (Hrsg.): Handbuch Krisenbewusstes Management, Berlin 2000, S. 74.
[3] Vgl. o.V., 2004 online: Karstadt: Stolpersteine bei Sanierung. URL: http://www.lz-net.de
[4] Vgl. Preissner, A.: Tour de Ricke Deutsche Telekom: Die Sanierungsmaßnahmen von Konzernchef Kai-Uwe Ricke, in Manager Magazin 5/2003, S. 66.

Nicht betriebsnotwendiges Vermögen kann verkauft werden, ohne dass dabei der Geschäftsbetrieb des Unternehmens beeinträchtigt wird. Allerdings schätzt in der Praxis ein Unternehmer die Veräußerungschancen am Markt und die erwarteten Erlöse häufig zu optimistisch ein. Vor allem bei Grundstücken kommt es vor, dass sich hierfür gerade zum Zeitpunkt der Notsituation nur sehr schwer Käufer finden lassen und aufgrund des herrschenden Zeitdrucks die Grundstücke deshalb nur mit hohen Preisabschlägen abgegeben werden können. Dies führt zu geringeren Liquiditätsverbesserungen als eigentlich erwartet.[1] Werden Vermögensgegenstände unter dem bei der Berechnung der Überschuldung angesetzten Zeitwert verkauft, steigt außerdem die Überschuldung.

Das Anlagevermögen (z.B. Grundstücke, Gebäude, Beteiligungen, Wertpapiere) kann aber auch stille Reserven enthalten, wenn die Verkaufserlöse über den Buchwerten liegen. Dann entstehen neben der Liquiditätsverbesserung außerordentliche Erträge, die den Gewinn erhöhen bzw. den Verlust vermindern und damit das Eigenkapital stärken.

Die Auswirkungen auf die Bilanz einer Personengesellschaft sind im folgenden Beispiel dargestellt:
Verkauf einer Firmenimmobilie für 500 T€, Buchwert 400 T€

Aktiva	Bilanz vor dem Verkauf in T€		Passiva
Anlagevermögen	4.790	Eigenkapital	2.500
Umlaufvermögen		Fremdkapital	2.900
Waren	500		
Forderungen	100		
Zahlungsmittel	10		
Bilanzsumme	5.400	Bilanzsumme	5.400

---

[1] Vgl. Horst, K.: Engpass Finanzwirtschaft, in: Birker, K.; Pepels, W. (Hrsg.): Handbuch Krisenbewusstes Management, Berlin 2000, S. 115.

Bilanz nach dem Verkauf in T€			
Aktiva			Passiva
Anlagevermögen	4.390	Eigenkapital	2.600
Umlaufvermögen		Fremdkapital	2.900
Waren	500		
Forderungen	100		
Zahlungsmittel	510		
Bilanzsumme	5.500	Bilanzsumme	5.500

Abb. 10: Auswirkungen des Verkaufs von Anlagevermögen auf die Bilanz
Quelle: Die Verfasserin

Die aufgelöste stille Reserve von 100 T€ erhöht den Gewinn und damit das Eigenkapital. Zu beachten ist jedoch, dass der Gewinn steuerpflichtig ist. Überdies sind in fortgeschrittenen Krisenphasen oft stille Reserven bereits abgebaut.[1]

Die Unternehmensführung sollte auch den Verkauf von immateriellen Vermögensgegenständen, wie z.b. Patenten, Lizenzen, Warenzeichen usw. in Betracht ziehen. Allerdings ist darauf zu achten, dass dadurch längerfristig keine Nachteile entstehen, die nach überstandener Krise die technologische Entwicklung behindern und die Konkurrenz stärken.[2]

Ist in einer frühen Krisenphase (Strategie- oder Erfolgskrise) noch ausreichend Liquidität vorhanden, können nicht betriebsnotwendige Vermögensgegenstände andererseits behalten und zur Besicherung neuer Kredite herangezogen werden.[3]

Beim sale-and-lease-back veräußert der Unternehmer Gegenstände, die für den Geschäftsbetrieb des sanierungsbedürftigen Unternehmens notwendig sind (am häufigsten Betriebsgrundstücke und Gebäude[4], wie z.B. Lagerhallen, aber auch Maschinen usw.). Deshalb werden sie zugleich wieder langfristig gemietet. Auch hier

---

[1] Vgl. Fechner, D.: Praxis der Unternehmenssanierung, Neuwied; Kriftel 1999, S. 99.
[2] Vgl. Böckenförde, B.: Unternehmenssanierung, Stuttgart 1991, S. 139.
[3] Vgl. Klingebiel, N.: Die Rolle des externen Rechnungswesens für die Krisenerkennung und Krisenüberwindung, in: Birker, K.; Pepels, W. (Hrsg.): Handbuch Krisenbewusstes Management, Berlin 2000, S. 74.
[4] Vgl. Bergauer, A.: Führen aus der Unternehmenskrise, Berlin 2003, S. 33.

führen die beim Verkauf evtl. aufgedeckten stillen Reserven zu einem außerordentlichen Ertrag und erhöhen den Gewinn bzw. reduzieren den Verlust. Bedient die Unternehmensleitung mit dem Verkaufserlös die bestehenden Verbindlichkeiten, reduziert sich der Verschuldungsgrad des Krisenunternehmens und seine Kreditwürdigkeit steigt. Mit dem Wegfall der Zins- und Tilgungsleistungen und der Unterhaltskosten des verkauften Gutes verbessert sich außerdem zusätzlich die zukünftige Liquiditätssituation, denn die zu bezahlenden Leasingraten sind im Vergleich hierzu meistens geringer.[1]

In der Praxis wird an die Möglichkeit, ein sale-and-lease-back-Geschäft abzuschließen, oft erst zu spät gedacht. Die Leasinggesellschaft prüft eingehend die Unternehmenssituation und lehnt dann meistens das Geschäft in einer akuten, aber beherrschbaren oder schon nicht mehr beherrschbaren Unternehmenskrise ab, denn der Betrieb muss auf lange Sicht die Leasingraten erwirtschaften können. Wird sale-and-lease-back doch in Betracht gezogen, rechnet die Leasinggesellschaft häufig nur, wie viel das sanierungsbedürftige Unternehmen benötigt, um seine Bilanz zu verbessern. Sie zahlt dann weniger als der am Markt erzielbare Kaufpreis.[2] Es besteht nun die Gefahr, dass der erhaltene Betrag gerade ausreicht, um die derzeitige Liquiditätsknappheit zu überwinden. So verschärft sich die Lage wieder, wenn zukünftige Leasingraten bezahlt werden müssen, die außerdem noch die Gewinnmarge der Leasinggesellschaft einschließen.[3]

4.1.5 Verkauf von Forderungen

Ein notleidendes Unternehmen kann sich liquide Mittel beschaffen, indem es seine Forderungen an einen Factor verkauft. Somit muss es kein Fremdkapital aufnehmen. Falls der Factor in einer Krisenlage des Unternehmens die Forderungen bis zum durchschnittlichen Fälligkeitstermin bevorschusst, steht die Liquidität sofort zur Ver-

---

[1] Vgl. Seefelder, G.: Unternehmenssanierung, Stuttgart 2003, S. 133.
[2] Vgl. Wiechert, C.: Erwartungshaltungen und Taktiken im Sanierungsprozess, in: Finanz Colloquium Heidelberg GmbH (Hrsg.): Problematische Firmenkundenkredite, Heidelberg 2004, S. 348.
[3] Vgl. Horst, K.: Engpass Finanzwirtschaft, in: Birker, K.; Pepels, W. (Hrsg.): Handbuch Krisenbewusstes Management, Berlin 2000, S. 116.

fügung, auch wenn die Forderung noch nicht fällig ist. Dies wird als Finanzierungsfunktion bezeichnet. Je nach Vereinbarung, die sich nach der Bonität des Warenkäufers richtet, übernimmt das Finanzierungsinstitut auch noch das Ausfallrisiko (Delkrederefunktion). Jedoch muss das Krisenunternehmen Verwaltungskosten (0,5% bis 2,5% der Rechnungssumme), Gewinne und die Delkrederegebühr des Factors (0,2% bis 0,5%) sowie von der Laufzeit der Forderung abhängige Zinsen als Kosten einkalkulieren.[1] Der Ablauf des Factoring ist in Abb. 11 zusammenfassend dargestellt:

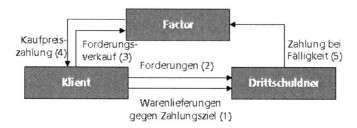

Abb. 11: Ablauf des Factoring
Quelle: Dahmen, A.; Jacobi, P.: Firmenkundengeschäft der Kreditinstitute, 2. Aufl., Frankfurt am Main 1998, S. 168.

Wenn die durch den Verkauf von Forderungen gewonnene Liquidität zur Bezahlung von Verbindlichkeiten genutzt wird, erhöht sich die Eigenkapitalquote des sanierungsbedürftigen Unternehmens und seine Kreditwürdigkeit steigt. Auf die Beseitigung einer Überschuldung hat diese Maßnahme jedoch keine Auswirkung, weil es sich lediglich um einen Aktivtausch handelt.

4.2 Handlungsmöglichkeiten aus Sicht der Kreditinstitute

Je später die Unternehmenskrise wahrgenommen wird, um so weniger reichen i.d.R. die Maßnahmen der bisherigen bzw. neuen Gesellschafter aus. Auch externe Gläubiger, vor allem die Banken, müssen sich am Sanierungsprozess beteiligen, um das Unternehmen wieder in eine gesunde finanzielle Lage zu bringen.[2]

---

[1] Vgl. Perridon, L.; Steiner, M.: Finanzwirtschaft der Unternehmung, 11. Aufl., München 2002, S. 445 ff.
[2] Vgl. Räss, H.: Die Restrukturierung von Unternehmen aus Sicht der kreditgebenden Bank, 3. Aufl., Bern; Stuttgart; Wien 1993, S. 121.

Bei der Sanierung ist es das Ziel des Kreditinstituts, die Kredite vollständig oder zumindest teilweise noch zu retten und langfristig eine Tilgung zu erreichen. Doch zunächst überprüft die Bank, ob eine Abwicklung des Engagements nicht den größeren Erfolg verspricht. Hierzu vergleicht sie die erwarteten Zahlungen aus den Kreditforderungen abzüglich der Kosten der von ihr einzusetzenden Sanierungsmaßnahmen mit dem realisierbaren Wert ihrer Sicherheiten, von dem die Kosten der Verwertungsmaßnahmen subtrahiert werden.[1] Die Bank zögert nicht, eine Abwicklung vorzunehmen, falls diese für das Kreditinstitut günstiger ausfällt.[2] Außerdem spielen auch noch andere Faktoren eine Rolle, wie z.B. fehlendes Vertrauen in die Fähigkeiten des Gesellschafters. Das Management des Krisenunternehmens kann seine Bank zur Unterstützung gewinnen, wenn es vertrauensvoll mit ihr zusammenarbeitet und ein erfolgversprechendes Sanierungskonzept vorlegt. Fällt das Ergebnis zu Gunsten der Sanierung aus, ist die Bank bereit, Verluste hierfür in Kauf zu nehmen. Sie verlangt jedoch ihrerseits vom Unternehmer, dass dieser ihre Bedingungen erfüllt, z.B.:

➢ Vorlegen eines Sanierungsgutachtens, das von einem neutralen Dritten erstellt wird und die Prüfung der Sanierungsfähig- und -würdigkeit beinhaltet
➢ Einbeziehen von sachkundigen Beratern, wie Wirtschaftsprüfern oder Unternehmensberatern
➢ Evtl. Stellen von weiteren Sicherheiten
➢ Ständiges Überprüfen des Sanierungsfortschritts durch den Sanierungsberater
➢ Erarbeiten einer Planung, vor allem eines Finanzplans, der die zu leistenden Zahlungen zeitlich und betragsmäßig aufeinander abstimmt und so Aussagen über den zukünftigen Liquiditätsbedarf des Unternehmens zulässt[3]
➢ Volles Ausnutzen von eigenen, in Kapitel 4.1 beschriebenen Sanierungsmöglichkeiten durch den Unternehmer

---

[1] Vgl. König, A.: Praktische Vorgehensweise nach Abgabe in den Sanierungsbereich, in: Finanz Colloquium Heidelberg GmbH (Hrsg.): Problematische Firmenkundenkredite, Heidelberg 2004, S. 300.
[2] Vgl. Interview mit Herrn Heitzer, Voba K-N am 10.12.2004, vollständiges Interview siehe Anhang S. 149 ff.
[3] Vgl. Horst, K.: Engpass Finanzwirtschaft, in: Birker, K.; Pepels, W. (Hrsg.): Handbuch Krisenbewusstes Management, Berlin 2000, S. 91 f.

Um sich aktiv am Sanierungsprozess zu beteiligen, muss das Kreditinstitut alle ihm zur Verfügung stehenden Alternativen kennen. Bei der Umsetzung ist es wichtig, dass die ausgewählten Sanierungsinstrumente den tatsächlichen Bedürfnissen des Krisenunternehmens angepasst sind.[1]

Anlage 1, S. 134 f. gibt einen Überblick über die Anwendungshäufigkeit einzelner Sanierungsbeiträge der Kreditinstitute. Im folgenden sind die Sanierungsmöglichkeiten, welche den Kreditinstituten zur Verfügung stehen, umfassend dargestellt.

4.2.1 Stillhalten

Keine Bank ist verpflichtet, gegen einen in eine Krise geratenen Firmenkunden Eintreibungsmaßnahmen auf ausstehende Forderungen einzuleiten. Vor allem, wenn ausreichende Sicherheiten für bestehende Kredite vorhanden sind, kann die Bank auch (zunächst einmal) nichts unternehmen.

Dieser Sanierungsbeitrag bedeutet im Einzelnen:
- Offenhalten von fälligen Zinsen und Tilgungsraten
- Gewährung der vollen Inanspruchnahme eines noch nicht ganz ausgeschöpften Kreditrahmens
- Keine Kündigung eines schon vor der Krisensituation herausgegebenen Kredits mit fester Laufzeit
- Keine Kündigung einer unbefristeten Kreditlinie
- Prolongation eines Roll-over-Kredits (durch die Prolongation kommt kein neuer Kreditvertrag zustande, sondern es werden nur die Zinsen für die nächste Periode neu berechnet)
- Keine Einleitung von Beitreibungsmaßnahmen

Das Stillhalten ist vor allem in einer Liquiditätskrise zum Hinauszögern des Liquiditätsbedarfs sinnvoll und, so Herr Heitzer von der Volksbank Kirchheim-Nürtingen, es „wird gerne gemacht, weil

---

[1] Vgl. Märki, M.: Die Sanierung von krisenbehafteten Grossunternehmen aus Sicht der Gläubigerbank, Bern; Stuttgart; Wien 2004, S. 48.

damit keine großen Probleme verbunden sind; das Risiko der Bank erhöht sich hierdurch nicht wesentlich."[1]

Stillhalten muss sich nicht zwangsläufig durch überhaupt nicht tätig werden äußern. Es kommt vor, dass die Bank sich im Rahmen von Stundungsabreden ausdrücklich bereit erklärt, keine Handlungen zu unternehmen.[2]

Es besteht aber auch die Gefahr, dass das Kreditinstitut andere Gläubiger durch Stillhalten schädigt und damit sittenwidrig handelt. Dies ist der Fall, wenn das Stillhalten ausschließlich dazu dienen soll, Zeit zu gewinnen, um sich zum Nachteil der anderen Gläubiger besser bedienen zu können, indem z.B. durch die Verzögerung Anfechtungsfristen für abgeschlossene Sicherheitenverträge abgelaufen sind. Wenn das Kreditinstitut aus solch eigennützigen Motiven ein insolventes Unternehmen dazu veranlasst, den Insolvenzantrag verspätet zu stellen, liegt eine Beihilfe zur Insolvenzverschleppung vor. Dann droht Schadenersatz wegen der vorsätzlichen Schädigung anderer Gläubiger, falls sich deren Insolvenzquote durch die Insolvenzverschleppung reduziert.

Die Bank muss berücksichtigen, dass sich während des Stillhaltens die Situation des notleidenden Unternehmens weiter verschlechtern kann. Versuchen Krisenunternehmen, zur Liquiditätsgewinnung beispielsweise ihr Warenlager abzubauen, verliert dieses, wenn es sicherungsübereignet ist, für die Bank an Wert. Deshalb kommt Stillhalten nur in Frage, wenn das Kreditinstitut auf ausreichende Sicherheiten zurückgreifen kann und gleichzeitig ein Sanierungskonzept erarbeitet wird.[3]

Im Sanierungsfall Karstadt-Quelle vereinbarten die Banken ein Stillhalteabkommen für ihre Kredite bis zum 31. Dezember 2004.[4]

---

[1] Interview mit Herrn Heitzer, Voba K-N am 10.12.2004, vollständiges Interview siehe Anhang S. 149 ff.
[2] Vgl. Obermüller, M.: Insolvenzrecht in der Bankpraxis, 6. Aufl., Köln 2002, S. 692 ff.
[3] Vgl. Lützenrath, C.; Peppmeier, K.; Schuppener, J.: Bankstrategien für Unternehmenssanierungen, Wiesbaden 2003, S. 104.
[4] Vgl. Karstadt-Quelle AG: Verkaufsprospekt, Frankfurt am Main; Düsseldorf 2004, S. 18.

Das Stillhalteabkommen (auch Moratorium) wird zwischen dem sanierungsbedürftigen Unternehmen und seinen Gläubigerbanken geschlossen; mit folgendem Zweck: Durch das oben beschriebene Stillhalten soll die Zahlungsfähigkeit des Kunden erhalten bleiben. Das Stillhalteabkommen kommt also als Sofortmaßnahme in Betracht.

In der Praxis schließen alle kreditgebenden Banken mit dem Krisenunternehmen den Vertrag ab. So soll vermieden werden, dass sich einzelne Kreditinstitute vorzeitig bedienen und dadurch die Krisenlage verschärfen, während andere Banken versuchen, das Unternehmen durch Stillhalten zu retten. Zusätzlich kann die Prolongationsvereinbarung enthalten, dass die Banken Liquidität zur Verfügung stellen, bis die Prüfung der Sanierungsfähig- und -würdigkeit abgeschlossen ist.

In der Vereinbarung ist genau zu regeln, welche Kreditarten vom Stillhalteabkommen betroffen sind und für welche Kredite (gesichert oder ungesichert) in welchen Fällen Tilgungen möglich sind. Wichtig ist auch die Bestimmung, wann das Abkommen beginnt (Prolongationsstichtag) und wann es beendet ist. Ein Stillhalteabkommen läuft z.B. bis das Sanierungsgutachten erstellt ist. Wenn dieses dann positiv aussieht und kein neuer Liquiditätsbedarf vorhanden ist, wird das Stillhalteabkommen um ein bis zwei Jahre verlängert.

Weiter muss der Saldenausgleich zwischen den einzelnen Gläubigerbanken geregelt werden. Beim Saldenausgleich verrechnen die am Stillhalteabkommen beteiligten Banken die eingegangen Zahlungen (im Liquidationsfall das verbleibende Vermögen plus Entgelte aus der Verwertung der Sicherheiten) untereinander. Dazu wird für jede Bank eine Quote festgelegt, die sich an der bestehenden Forderung unter Berücksichtigung der vorhandenen Sicherheiten und der für den Zeitraum des Stillhalteabkommens zugelassenen Tilgungsleistungen orientiert. Wenn das Stillhalteabkommen planmäßig endet, führen die Kreditinstitute jedoch keinen Saldenausgleich durch.[1]

Anlage 2, S. 136 ff. zeigt, wie die beschriebenen Sachverhalte in einem Stillhalteabkommen formuliert werden können.

4.2.2 Bildung von Pools

Falls neben dem Stillhalten oder alternativ dazu weitere Sanierungsmaßnahmen notwendig sind, eignet sich die Bildung eines Pools, zu dem sich die Gläubiger zusammenschließen. Wie die folgenden Abschnitte zeigen, kann dies vor allem dann sinnvoll werden, wenn das angeschlagene Unternehmen viele Gläubiger bedienen muss.

4.2.2.1 Bildung eines Bankenpools

Ein Bankenpool ist eine Vereinigung von verschiedenen Gläubigerbanken mit zeitlich begrenzter Dauer in der Rechtsform einer GbR. In der Praxis bilden auf Initiative des Gesellschafters des Schuldnerunternehmens (oder auch eines Kreditinstituts) alle kreditgebenden Banken einen Bankenpool - aus folgenden Gründen:
> Um Vorteile gegenüber einer individuellen Rechtsdurchsetzung zu bekommen, fassen die Gläubigerbanken ihre Rechte gegenüber dem Firmenkunden zusammen.
> Die Kredite werden optimal besichert und im Falle der Liquidation gleichrangig und gleichmäßig bedient. Im Pool gibt es keine Kollisionen der Sicherheiten verschiedener Gläubiger. Die Kreditinstitute nehmen deshalb bei der Bewertung der Sicherheiten geringere Sicherheitsabschläge vor, wie bei einer Bewertung außerhalb des Pools.
> Vorzeitige Alleingänge einzelner Gläubiger, welche die Zahlungsunfähigkeit des Krisenunternehmens beschleunigen, die Sanierung blockieren und andere Kreditinstitute gefährden, sollen verhindert werden. Daher wird vereinbart, bei der Einräumung von Krediten und deren Besicherung einheitlich vorzugehen.

---

[1] Vgl. Obermüller, M.: Insolvenzrecht in der Bankpraxis, 6. Aufl., Köln 2002, S. 702 ff.

Die beteiligten Kreditinstitute schließen unter sich einen Poolvertrag ab, dem der Schuldner dann zustimmt. Dadurch nimmt er die Rolle eines Partners der Gläubigerbanken (aber keines Poolmitglieds!) ein. Dies wird als Vertragspartnermodell bezeichnet. Auch Drittgläubiger können in den Poolvertrag aufgenommen werden. Eine andere Variante der Vertragsgestaltung ist das Zustimmungsmodell. Es wird gewählt, wenn der Poolvertrag unter großem Zeitdruck zustande kommen muss, der Einbezug von Drittgläubigern aber erst längerfristig möglich ist. In diesem Fall kann das Krisenunternehmen für die Drittgläubiger den Poolvertrag annehmen, auch ohne deren Vollmacht. Die Zustimmung der betreffenden Gläubiger muss danach allerdings schnellstmöglich eingeholt werden.[1] Anlage 3, S. 139 ff. enthält einen Auszug aus einem Poolvertrag.

Die Bank, welche die meisten Kredite eingeräumt hat, übernimmt i.d.R. als alleingeschäftsführender Gesellschafter die Rolle des Poolführers. Dafür erhält sie eine Gebühr, die das Schuldnerunternehmen bezahlt. Ihre Höhe ist im Poolvertrag festgelegt.

Der Poolführer haftet im Rahmen eines GbR-Gesellschafters nach § 708 BGB nur für die Sorgfalt, die er bei seinen eigenen Angelegenheiten anwendet. Damit Gespräche in Poolsitzungen überhaupt stattfinden können, entbindet der Gesellschafter alle beteiligten Kreditinstitute vom Bankgeheimnis.[2]

Im Poolvertrag sind die Kredite aufgelistet, welche die einzelnen Banken in den Pool einbringen (vgl. § 1 Poolvertrag; Anlage 3, S. 139). Alle späteren Regelungen beziehen sich hierauf. Avalkredite (Bank übernimmt eine Bürgschaft oder stellt eine Garantie) und Diskontkredite (Bank kauft noch nicht fällige Wechsel an)[3] sind gesondert angegeben, da sie bei der Verwertung der Sicherheiten und beim Saldenausgleich speziell behandelt werden. Die Banken

---

[1] Vgl. Rechtmann, J.: Sicherheiten-Poolverträge am Praxisfall, in: Finanz Colloquium Heidelberg GmbH (Hrsg.): Problematische Firmenkundenkredite, Heidelberg 2004, S. 179 ff.
[2] Vgl. Rechtmann, J. a.a.O., S. 189.
[3] Vgl. Grill, W.; Perczynski, H.: Wirtschaftslehre des Kreditwesens, 32. Aufl., Bad Homburg vor der Höhe 1998, S. 383.

einigen sich darauf, die im Poolvertrag beschriebenen Kredite während der Vertragslaufzeit grundsätzlich stehen zu lassen. Einzelne Streichungen oder Kürzungen können nur mit Zustimmung aller Beteiligten vorgenommen werden.[1]

In § 2 des Poolvertrags (Anlage 3, S. 140 f.) sind die Sicherheiten genau bezeichnet und in Sicherheiten der Poolbanken sowie Drittsicherheiten aufgeteilt. Gewährt der Bankenpool als Konsortium dem Krisenunternehmen beispielsweise einen neuen Kredit, verwaltet der Poolführer die hierfür hereingenommenen Sicherheiten als Sicherungstreuhänder. Die schon vor Bildung des Pools vorhandenen Sicherheiten einzelner Banken überwachen diese jeweils treuhänderisch für die anderen Mitglieder. So reduziert sich der Verwaltungsaufwand. Akzessorische Sicherheiten (Bürgschaft, Hypothek, Pfandrecht) sind an den Inhaber der Forderung gebunden. Deshalb müssen einerseits alle Mitglieder des Bankenpools diese Sicherheiten gleichzeitig und gleichrangig bestellen. Andererseits kann auch die betreffende Forderung auf den Poolführer übertragen werden. Er verwaltet dann treuhänderisch die Forderung einschließlich der akzessorischen Sicherheit. Gewährt eine einzelne Bank nach Abschluss des Poolvertrags dem Krisenunternehmen weitere Kredite außerhalb des Pools, gehen die hierfür bestellten Sicherheiten in den Pool ein. Diese zusätzlichen Sicherheiten werden aber im Verwertungsfall vorrangig zur Bedienung der zusätzlich eingeräumten Kredite verwendet. Übersteigt der erzielbare Wert aller Poolsicherheiten auf Dauer ca. 110% aller insgesamt gesicherten Forderungen, sind die Banken dazu verpflichtet, von ihnen ausgewählte Poolsicherheiten ganz oder teilweise freizugeben. Dadurch wird eine nachträgliche Übersicherung vermieden.[2]

Der Schuldner wird verpflichtet, die von den einzelnen Banken eingeräumten Kreditlinien möglichst gleichmäßig auszuschöpfen. Das Kreditausfallrisiko verteilt sich dann auf alle beteiligten Poolbanken. In der Praxis versucht das Krisenunternehmen jedoch, die Kredite mit den niedrigsten Zinssätzen zuerst zu beanspruchen.

---

[1] Vgl. Rechtmann, J.: Sicherheiten-Poolverträge am Praxisfall, in: Finanz Colloquium Heidelberg GmbH (Hrsg.): Problematische Firmenkundenkredite, Heidelberg 2004, S. 182 f.
[2] Vgl. Rechtmann, J. a.a.O., S. 184 ff.

Deshalb ist ein Saldenausgleich zwischen den Banken erforderlich. Damit alle Kredite im Verhältnis ihrer eingeräumten Höhe beansprucht sind, nehmen die Kreditinstitute untereinander Überträge bis zur Höhe der im Poolvertrag genannten Kreditlinien vor. Zuerst muss allerdings jede einzelne Bank evtl. vorhandene Guthaben des Unternehmens mit ihren Kreditforderungen verrechnen. Ein tatsächlicher Saldenausgleich findet nur im Verwertungsfall statt. Allerdings teilt der Poolführer aufgrund der Risikoberechnung jeder Bank einmal im Jahr den Saldo mit.[1] Normalerweise gibt es für jede Kreditart einen separaten Saldenausgleich. Im Poolvertrag können jedoch auch andere Regelungen vereinbart werden, z.B. bleiben Aval- und Diskontkredite unberücksichtigt oder Diskontkredite werden erst bei endgültigem Ausfall und Avalkredite nur im Falle der Beanspruchung des Kreditinstituts in den Saldenausgleich einbezogen (§ 7 Abs. 3 Poolvertrag; Anlage 3, S. 143). Scheck- und Lastschriftrückgaben erhöhen die Kreditlinien entweder bis zum in § 1 des Poolvertrags genannten Betrag (§ 7 Abs. 2 Poolvertrag; Anlage 3, S. 143) oder, wenn anders vereinbart, auch darüber hinaus. Dasselbe gilt für Zinsen, Provisionen und Kosten aus dem laufenden Abrechnungszeitraum. Das Beispiel in Anlage 4, S. 145 f. zeigt, wie ein Saldenausgleich zwischen 3 Poolbanken durchgeführt wird.

I.d.R. ist die Laufzeit des Poolvertrags unbefristet, da bei Vertragsabschluss die genaue Dauer der Sanierung noch nicht absehbar ist. Die Kündigungsfrist beträgt 3 Monate zum Ende eines jeden Quartals. Damit der Bankenpool aber nicht schon zu Beginn der Sanierung zerbricht, ist es zweckmäßig, eine Mindestlaufzeit zu vereinbaren. Kündigt eine Bank nach Ablauf der Mindestlaufzeit, bleibt der Poolvertrag zwischen den anderen Beteiligten bestehen. Die kündigende Bank hat einen Anspruch auf Abfindung. Der Schuldner und die Drittgläubiger können den Poolvertrag erst nach Tilgung aller Poolkredite kündigen.[2]

---

[1] Vgl. Interview mit Herrn Heitzer, Voba K-N am 10.12.2004, vollständiges Interview siehe Anhang S. 149 ff.
[2] Vgl. Rechtmann, J.: Sicherheiten-Poolverträge am Praxisfall, in: Finanz Colloquium Heidelberg GmbH (Hrsg.): Problematische Firmenkundenkredite, Heidelberg 2004, S. 193 f.

Bei der Bildung eines Bankenpools sind folgende Nachteile zu berücksichtigen:
- ➤ Es kann bis zu einem Jahr dauern, bis der Poolvertrag steht. Es kam auch schon vor, dass innerhalb eines Jahres ca. 9 Versionen eines einzigen Poolvertrags erstellt wurden!
- ➤ Es besteht ein hoher Abstimmungsbedarf. In einem Fall war z.B. die Volksbank Kirchheim-Nürtingen mit 9 anderen Banken und 3 Kreditversicherern an einem Pool beteiligt.[1]
- ➤ Die Gebühren für den Poolführer belasten das Krisenunternehmen zusätzlich.

4.2.2.2 Bildung eines Banken-Lieferanten-Pools

Neben der Bildung von reinen Bankenpools beziehen die Kreditsinstitute gegebenenfalls auch noch andere Gläubiger in den Poolvertrag mit ein.

Zur Absicherung seiner Forderung kann ein Lieferant einen verlängerten Eigentumsvorbehalt mit Vorausabtretungsklausel vom Krisenunternehmen verlangen. Hierbei verliert der Lieferant das Eigentum, falls das zu sanierende Unternehmen die Ware an einen Drittkäufer übergibt und das Eigentum überträgt. Die Forderung des Unternehmens aus dem Weiterverkauf geht jedoch durch Vorausabtretung auf den Lieferanten über.[2] Hat das Krisenunternehmen allerdings alle seine gegenwärtigen und zukünftigen Forderungen aus Lieferungen und Leistungen gegen den Drittkäufer an seine Bank abgetreten, kollidiert diese Globalzession mit dem verlängerten Eigentumsvorbehalt, denn beim Weiterverkauf ist sie durch die Vorausabtretung schon an den Lieferanten abgetreten.[3] Durch einen Sicherheitenabgrenzungsvertrag im Rahmen eines Banken-Lieferanten-Pools wird dieser Sachverhalt berücksichtigt und die Stellung der Bank verbessert. Denn die Verwertung der Sicherheiten richtet sich nach einer Rangfolge, in der abwechselnd die Forderungen des Lieferanten und der Bank bedient werden. Al-

---

[1] Vgl. Interview mit Herrn Heitzer, Voba K-N am 10.12.2004, vollständiges Interview siehe Anhang S. 149 ff.
[2] Vgl. Wurm, G.; Wolff, K.; Ettmann, B.: Kompaktwissen Bankbetriebslehre, 7. Aufl., Köln 1999, S. 37.
[3] Vgl. Wurm, G.; Wolff, K.; Ettmann, B. a.a.O., S. 402.

lerdings hat der Sicherheitenabgrenzungsvertrag auch Nachteile für die beteiligten Kreditinstitute:
- ➢ Sind Eigentumsvorbehalte des Lieferanten unwirksam, werden die dadurch entstehenden Ausfälle anteilsmäßig auf die Bank abgewälzt, obwohl sie keinen Einfluss auf die Verträge des Lieferanten mit dem Krisenunternehmen hat.
- ➢ Der Lieferant profitiert von dem Kontrollaufwand sowie der Verwaltung und Prüfung der Sicherheiten durch die Bank, ohne dass er eine Gegenleistung dafür erbringt.
- ➢ Im Pool können die einzelnen Eigentumsrechte u.U. nicht mehr eindeutig bestimmt werden. Dadurch können Lieferanten außerhalb des Pools diesen wirkungslos machen, indem sie selbstständig ihre Ansprüche verfolgen.[1]

Ein Lieferant kann alle Forderungen aus Lieferungen und Leistungen, die er gegen ein Unternehmen hat, bei einem Kreditversicherer absichern. Der Kreditversicherer überprüft ständig die Bonität des Unternehmens. Stellt er eine Verschlechterung fest, reduziert er seine für neue Kredite zur Verfügung stehende Versicherungssumme. Es ist sinnvoll, Kreditversicherer in einen Pool mit aufzunehmen, denn wenn sie Einblicke in die Sanierungsmaßnahmen bekommen, sind sie eher bereit, die Versicherungssumme nicht zu verringern. Damit kann der Lieferant das Krisenunternehmen uneingeschränkt weiter beliefern.[2]

4.2.3 Zugeständnisse bei bestehenden Krediten

Ist die Zahlungsfähigkeit eines Firmenkunden nicht mehr gewährleistet? Droht Überschuldung? Gehen möglicherweise schon Pfändungen ein? In diesen Fällen kann die Bank einen entscheidenden Beitrag zur Entlastung des Unternehmens leisten, indem sie die vorhandenen Kredite an die Krisensituation anpasst.[3]

---

[1] Vgl. Obermüller, M.: Insolvenzrecht in der Bankpraxis, 6. Aufl., Köln 2002, S. 982 f.
[2] Vgl. Wiechert, C.: Erwartungshaltungen und Taktiken im Sanierungsprozess, in: Finanz Colloquium Heidelberg GmbH (Hrsg.): Problematische Firmenkundenkredite, Heidelberg 2004, S. 324.
[3] Vgl. König, A.: Praktische Vorgehensweise nach Abgabe in den Sanierungsbereich, in: Finanz Colloquium Heidelberg GmbH (Hrsg.): Problematische Firmenkundenkredite, Heidelberg 2004, S. 312.

4.2.3.1 Optimierung der Fälligkeitsstruktur

Die Stundung stellt das geringste Opfer seitens der Bank zur Bekämpfung einer Krisensituation dar. Stehen Zinszahlungs- und Tilgungstermine unmittelbar bevor, wirkt sich diese Maßnahme sofort entlastend auf die Liquidität des Krisenunternehmens aus. Im Gegensatz zum Stillhalten beseitigt die Stundung zunächst die Zahlungsunfähigkeit, da sie den Fälligkeitstermin der Forderung und somit die Zahlungspflicht hinausschiebt. Allerdings hat die Stundung nur eine zeitlich begrenzte Wirkung, denn Zins- und Tilgungsleistungen sind zu einem späteren Zeitpunkt in vollem Umfang fällig. Eine Überschuldung oder ein Verlust werden hierdurch nicht beseitigt.[1] Generell dient eine Stundung dazu, Zeit zu gewinnen bis ein endgültiges Sanierungskonzept zur Abwehr der Insolvenz erstellt ist.[2] Aus diesem Grund stundeten Banken im Jahr 2002 Kredite des Mobilfunkunternehmens Mobilcom mit einem Volumen von insgesamt 4,7 Mrd. €. Die Zahlungen wurden von Ende September bis Mitte Oktober aufgeschoben.[3]

Sicherheiten Dritter, wie z.B. eine Bürgschaft, bleiben im Rahmen des Zahlungsaufschubs nicht grundsätzlich bestehen. Der Bundesgerichtshof könnte eine Stundung auch als Umschuldung ansehen, wenn die Laufzeit dadurch wesentlich verlängert wird. Somit würde eine neue Verbindlichkeit entstehen, für welche der Drittsicherungsgeber nicht wie für die ursprüngliche Forderung einstehen müsste.[4] Um dies zu verhindern, holt z.B. die Volksbank Kirchheim-Nürtingen für gestundete Kredite die Zustimmung von allen Drittsicherungsgebern ein.[5]

Zur Optimierung der Fälligkeitsstruktur kann neben der Stundung auch kurzfristiges Fremdkapital in langfristiges Fremdkapital um-

---

[1] Vgl. Buth, A.; Hermanns, M.: Finanzwirtschaftliche Aspekte der Fortführung von Krisenunternehmen, in: Buth, A.; Hermanns, M. (Hrsg.): Restrukturierung, Sanierung, Insolvenz, München 1998, S. 237.
[2] Vgl. Lützenrath, C.; Peppmeier, K.; Schuppener, J.: Bankstrategien für Unternehmenssanierungen, Wiesbaden 2003, S. 81.
[3] Vgl. o.V.: Sanierungskonzept vorgestellt Mobilcom hängt am seidenen Faden, in: IT Business News 41/2002, S. 10.
[4] Vgl. Obermüller, M.: Insolvenzrecht in der Bankpraxis, 6. Aufl., Köln 2002, S. 702.
[5] Vgl. Interview mit Herrn Heitzer, Voba K-N am 10.12.2004, vollständiges Interview siehe Anhang S. 149 ff.

gewandelt werden. Die geringeren Zins- und Tilgungsbeiträge verbessern die Liquiditätssituation. Zudem wirken sich niedrigere Zinsaufwendungen zukünftig positiv auf die Ertragslage aus.[1]
Beispiel:

KK-Kredit 30 Mio. €, Zinssatz 10% wird in ein endfälliges Darlehen umgewandelt, Zinssatz 6%		
	KK-Kredit	endfälliges Darlehen
mtl. Zinsbelastung	250.000 €	150.000 €
mtl. Ersparnis (= 40%)		100.000 €

Tab. 1: Beispielrechnung zur Umschuldung
Quelle: Die Verfasserin

Die Umfinanzierung wird in der Praxis häufig angewendet.[2] Dies unterstreicht auch die Umfrage von KPMG (Abb. 20, Anlage 1, S. 134).

4.2.3.2 Verzicht auf Forderungen

Der Verzicht auf Zinsen und/oder Kapitalforderungen aus Kreditverträgen stellt eine weitere Sanierungsmaßnahme dar. Rechtlich gesehen wird ein Erlassvertrag nach § 397 BGB geschlossen. Das Schuldverhältnis erlischt endgültig. Es kann jedoch auch ein negatives Schuldanerkenntnis nach § 397 Abs. 2 BGB vereinbart werden. Hierbei handelt es sich um eine vertragliche Zusicherung des Gläubigers, dass das Schuldverhältnis nicht besteht.[3]

Der Kapitalverzicht gehört wie die Stundung und der Zinsverzicht zu den Sofortmaßnahmen. Sie schaffen Zeit, um das Sanierungs-

---

[1] Vgl. Keller, R.: Unternehmenssanierung, Herne; Berlin 1999, S. 178.
[2] Vgl. Interview mit Herrn Heitzer, Voba K-N am 10.12.2004, vollständiges Interview siehe Anhang S. 149 ff.
[3] Vgl. Hermanns, J.: Sanierungskonzepte, Sanierungswerkzeuge und deren Haftungsrisiken, in: Finanz Colloquium Heidelberg GmbH (Hrsg.): Problematische Firmenkundenkredite, Heidelberg 2004, S. 124.

konzept zu überprüfen und über weitere Handlungen zu entscheiden.[1]

Speziell beim Zinsverzicht erhöht sich zukünftig die Liquidität des Krisenunternehmens, da nur noch Tilgungsleistungen erbracht werden müssen. Diese Maßnahme ist um so wirkungsvoller, je näher der Zinszahlungstermin rückt. Das Kreditinstitut kann aber auch auf aufgelaufene Zinsen verzichten. Somit verbessert sich zusätzlich noch die aktuelle Liquiditätslage. Doch Zinsen machen nur einen kleinen Anteil an den Verbindlichkeiten eines Unternehmens aus.[2] Die Entlastung der Liquidität ist deshalb nur gering. Außerdem können Zinsverzichte zu einem steuerpflichtigen Sanierungsgewinn führen, wenn keine Verlustvorträge vorhanden sind. Ein Kreditinstitut kann den Verzicht auf Zinsen von bestimmten Bedingungen abhängig machen, wie z.B. der termingerechten Erbringung von Tilgungsleistungen. Bei Nichterfüllung der Bedingungen hat die Bank ein außerordentliches Kündigungsrecht.[3]

Für das Kreditinstitut bedeutet der Zinsverzicht einen Ertragsausfall. Was kommt als Anreiz für die Bank in Frage, diesen dennoch zu gewähren? Bei einem partiarischen Darlehen wird der Kreditvertrag so abgeändert, dass Zinszahlungen erst auf zukünftige Gewinne folgen. Der Zinssatz erhöht sich aufgrund des gestiegenen Risikos.[4] Folglich hat die Bank Aussicht auf einen höheren Ertrag!

Wie in dem Interview mit dem Sanierungsexperten deutlich wurde, machen Banken in der Praxis eigentlich kaum Zinsverzichte, sondern alternativ dazu eher Zinsstundungen.[5]

---

[1] Vgl. Buth A.; Hermanns, M.: Finanzwirtschaftliche Aspekte der Fortführung von Krisenunternehmen, in: Buth, A.; Hermanns, M. (Hrsg.): Restrukturierung, Sanierung, Insolvenz, München 1998, S. 237.
[2] Vgl. Räss, H.: Die Restrukturierung von Unternehmen aus Sicht der kreditgebenden Bank, 3. Aufl., Bern; Stuttgart; Wien 1993, S. 130.
[3] Vgl. Lützenrath, C.; Peppmeier, K.; Schuppener, J.: Bankstrategien für Unternehmenssanierungen, Wiesbaden 2003, S. 88.
[4] Vgl. Buth, A.; Hermanns, M. a.a.O., S. 237.
[5] Vgl. Interview mit Herrn Heitzer, Voba K-N am 10.12.2004, vollständiges Interview siehe Anhang S. 149 ff.

Als Mittel zur Abwehr des Insolvenzverfahrens ist eine Bank evtl. bereit, auf 20% bis 30% ihrer Kapitalforderungen oder sogar auf einen noch höheren Anteil zu verzichten. Die genaue Höhe des Verzichts ist abhängig vom Ausfallrisiko, das die Bank hat, falls es im Insolvenzverfahren zur Zerschlagung des Unternehmens kommt.[1]

Da das Schuldverhältnis endgültig erlischt, wird die Bank verlangen, dass sich das Management des Schuldnerunternehmens an einige Bedingungen hält, z.B. uneingeschränkte Einsicht in die Vermögens- und Einkommensverhältnisse der Gesellschaft sowie Forderungsverzichte für die Gesellschafterdarlehen und mit den anderen Gläubigern. Der Schuldner muss der Bank möglicherweise auch einen vollstreckbaren Titel auf alle oder einen Teil der übrigen Forderungen einräumen.[2]

In der Praxis wird der Forderungsverzicht selten (siehe Anlage 1, S. 134), bei der Volksbank Kirchheim-Nürtingen erst als letztes Mittel, angewandt.[3] Vor allem Banken, deren Kreditengagement nicht ausreichend besichert ist oder die ihre Geschäftsverbindung nicht verlieren möchten, da sie sich mittel- bis langfristig wieder Gewinne versprechen, sind dazu bereit.[4]

Ein Verzicht vor allem auf kurzfristige Kapitalforderungen ist ein sehr effizienter Sanierungsbeitrag: Er führt zur Verringerung oder Beseitigung einer Überschuldung, da die Verbindlichkeit wegfällt. Zudem verbessert diese Maßnahme die Liquiditätslage des Krisenunternehmens - besonders wenn unmittelbar ein Tilgungstermin bevorsteht. Beim sanierungsbedürftigen Unternehmen entsteht ein außerordentlicher Ertrag, der mit einem Bilanzverlust verrechnet werden kann. Ein Nachteil ist, dass dieser Sanierungsgewinn ver-

---

[1] Vgl. Seefelder, G.: Unternehmenssanierung, Stuttgart 2003, S. 143.
[2] Vgl. Hermanns, J.: Sanierungskonzepte, Sanierungswerkzeuge und deren Haftungsrisiken, in: Finanz Colloquium Heidelberg GmbH (Hrsg.): Problematische Firmenkundenkredite, Heidelberg 2004, S. 124.
[3] Vgl. Interview mit Herrn Heitzer, Voba K-N am 10.12.2004, vollständiges Interview siehe Anhang S. 149 ff.
[4] Vgl. Buth A.; Hermanns, M.: Finanzwirtschaftliche Aspekte der Fortführung von Krisenunternehmen, in: Buth, A.; Hermanns, M. (Hrsg.): Restrukturierung, Sanierung, Insolvenz, München 1998, S. 238.

steuert werden muss.[1] Häufig liegen zwar Verlustvorträge aus der Vergangenheit vor, so dass eine Steuerlast nicht sofort anfällt, doch die Verlustvorträge werden durch die Sanierungsgewinne immer mehr aufgebraucht. Erwirtschaftet das Unternehmen zukünftig wieder Gewinne, fällt sogleich eine Steuerschuld an, welche die Liquidität des Unternehmens reduziert. Deshalb ist es wichtig, bei Forderungsverzichten die steuerlichen Auswirkungen genau zu beachten. Hauptsächlich bei Einzel- und Personenunternehmen werden Verlustvorträge schnell aufgebraucht, weil sie auch mit positiven Einkünften anderer Einkunftsarten, z.B. Vermietung und Verpachtung, und den positiven Einkünften des Ehepartners zu verrechnen sind.[2]

Wenn das Kreditinstitut trotz des momentanen Verzichts von einer späteren Verbesserung der wirtschaftlichen Verhältnisse des angeschlagenen Unternehmens profitieren will, ist dies mit Hilfe eines Besserungsscheins möglich. Besserungsscheine sind Schuldversprechen: Das Krisenunternehmen verpflichtet sich, nach Verbesserung der Situation Zahlungen an die Gläubigerbank zu leisten.[3] Ab diesem Zeitpunkt wird die Forderung auch wieder verzinst. Aus diesen Sachverhalten lässt sich schließen, dass Besserungsscheine einen Forderungsverzicht für das Kreditinstitut erst interessant machen. In der Praxis ist es wichtig, dass klargestellt wird, wohin sich welche Bezugsgröße (z.B. Handelsbilanz- oder Steuerbilanzgewinn) bewegen muss, damit die Forderung wieder auflebt. Beispiel: Die Forderung entsteht wieder, sobald der Steuerbilanzgewinn 10 Mio. € beträgt. Die Bestimmung, dass Zahlungspflicht eintritt, nachdem das Unternehmen wieder Dividenden ausschüttet oder Gewinne erwirtschaftet, die nicht mehr mit Verlustvorträgen verrechnet werden, reicht dagegen nicht! Doch selbst wenn die Zahlungsbedingungen korrekt vereinbart wurden, kann die Unter-

---

[1] Vgl. Schildbach, T.: Der handelsrechtliche Jahresabschluß, 6. Aufl., Herne; Berlin 2000, S. 332.
[2] Vgl. Lützenrath, C.; Peppmeier, K.; Schuppener, J.: Bankstrategien für Unternehmenssanierungen, Wiesbaden 2003, S. 89.
[3] Vgl. Wöhe, G.: Bilanzierung und Bilanzpolitik, 9. Aufl., München 1997, S. 655.

nehmensführung z.B. durch Bewertungsänderungen Zahlungen umgehen.[1]

Das Vorliegen eines Besserungsscheins hat zunächst keine Auswirkungen auf die Bilanz. Die erlassene Forderung muss auch hier nicht ausgewiesen werden - weder beim Schuldner noch beim Gläubiger. Bei der AG und der GmbH ist aber im Anhang der Bilanz ein Vermerk über eine Besserungsvereinbarung notwendig, weil z.B. die Aktionäre erfahren sollen, wer sonst noch Ansprüche an das Unternehmen hat.[2] Erst wenn die vorher genannten Bedingungen eintreten und Zahlungen zu leisten sind, entsteht beim sanierten Unternehmen ein Aufwand, steuerlich eine Betriebsausgabe.[3]

Das Kreditinstitut muss beachten, dass mit dem Wegfall des Darlehens (auch bei Vorlage eines Besserungsscheins) die Kreditsicherheiten verloren gehen - akzessorische Sicherheiten wie Bürgschaft, Pfandrecht und Hypothek durch Gesetz, denn sie sind vom Bestand der Forderung abhängig. Speziell zur Bürgschaft: Neben dem Schuldner kann dann auch der Bürge nicht mehr in Anspruch genommen werden.[4] Um den Bürgen zu behalten, gibt es die Möglichkeit, „statt eines Erlassvertrages dem Schuldner lediglich die Einrede einzuräumen, dass unter bestimmten Voraussetzungen die Forderung ganz oder teilweise nicht geltend gemacht wird (pactum de non petendo). Durch eine solche Vereinbarung wird allerdings der Tatbestand der Überschuldung nicht beseitigt, sondern allenfalls die Zahlungsunfähigkeit."[5] Treuhänderische Sicherheiten (Sicherungsabtretung, Sicherungsübereignung und Sicherungsgrundschuld) sind dagegen nicht vom Bestand der Forderung abhängig; es könnte auch ohne Forderungsbestand eine Verwer-

---

[1] Vgl. Harz, M.; Hub, H.; Schlarb, E.: Sanierungsmanagement, 2. Aufl., Stuttgart 1999, S. 309.
[2] Vgl. Wöhe, G.: Bilanzierung und Bilanzpolitik, 9. Aufl., München 1997, S. 656.
[3] Vgl. Hoffmann, W.: (Neue) steuerliche Möglichkeiten in der frühen Sanierung, in: Finanz Colloquium Heidelberg GmbH (Hrsg.): Problematische Firmenkundenkredite, Heidelberg 2004, S. 90.
[4] Vgl. § 767 Abs. 1 Satz 1 BGB.
[5] Hermanns, J.: Sanierungskonzepte, Sanierungswerkzeuge und deren Haftungsrisiken, in: Finanz Colloquium Heidelberg GmbH (Hrsg.): Problematische Firmenkundenkredite, Heidelberg 2004, S. 126.

tung erfolgen. Beim Forderungsverzicht müssen sie deshalb vom Kreditinstitut freigegeben werden.[1]

4.2.4 Verwendung von Sicherheiten zu Sanierungszwecken

Nicht nur schon vorhandene Kredite, sondern auch deren Sicherheiten können sich für die Sanierung eines angeschlagenen Unternehmens als nützlich erweisen.

4.2.4.1 Freigabe/Tausch von Sicherheiten

Durch Freigabe von verpfändeten Sicherheiten ist das sanierungsbedürftige Unternehmen in der Lage, über diese Vermögensgegenstände zu verfügen. Beispielsweise nutzt das Krisenunternehmen freigegebene Guthaben für Lohn- und Gehaltszahlungen. Auf die Verringerung eines Überschuldungsstatuses hat die Freigabe von Sicherheiten keinen Einfluss. Sie kommt in der Praxis selten in Betracht (siehe Abb. 20, Anlage 1, S. 134); wenn überhaupt, dann eher bei weniger werthaltigen Sicherheiten, durch deren Verkauf sich die Liquidität des Schuldners erhöht. Allerdings verlangt die Bank, dass das Krisenunternehmen die gewonnenen Mittel nicht für Zahlungen an andere Gläubiger, sondern zur Fortführung seines Geschäftsbetriebs, z.B. für den Wareneinkauf, nutzt.

Bei der Sicherheitenfreigabe besteht die Gefahr, dass Interessen von Dritten, beispielsweise der Bürgen, verletzt werden könnten und dadurch ein schadenersatzpflichtiger Sachverhalt entsteht.[2]

Sind die Sicherheiten in einen Bankenpool eingebracht, ist deren Freigabe oder Übertragung auf eine andere Bank als Treuhänder nur mit Zustimmung aller beteiligten Poolbanken möglich.[3]

Die Freigabe von Sicherheiten kommt der Kreditgewährung in einer Krisensituation gleich. Wichtig hierfür ist ein plausibles Sanie-

---

[1] Vgl. Grill, W.; Perczynski, H.: Wirtschaftslehre des Kreditwesens, 32. Aufl., Bad Homburg vor der Höhe 1998, S. 347.
[2] Vgl. Lützenrath, C.; Peppmeier, K.; Schuppener, J.: Bankstrategien für Unternehmenssanierungen, Wiesbaden 2003, S. 85 ff.
[3] Vgl. Rechtmann, J.: Sicherheiten-Poolverträge am Praxisfall, in: Finanz Colloquium Heidelberg GmbH (Hrsg.): Problematische Firmenkundenkredite, Heidelberg 2004, S. 185.

rungskonzept.[1] Auf liquide Sicherheiten verzichtet ein Kreditinstitut i.d.R. nicht ohne eine entsprechende Gegenleistung. Beispielsweise gibt die Bank eine sicherungsübereignete Maschine zum Verkauf frei; im Gegenzug wird mit dem Verkaufserlös ein Kredit bei dieser Bank getilgt.

Lt. Sanierungsexperte Heitzer macht ein Tausch von Sicherheiten dann Sinn, „falls die neue Sicherheit besser oder wenigstens gleichwertig ist. Beispiel: Tausch von Grundschulden auf das Firmengrundstück mit Grundschulden auf Privatimmobilien. Generell können aus Sicherheiten jedoch auch Belastungen werden, wenn z.B. bei einem sicherungsübereigneten Warenlager die Ware verschimmelt ist und die Bank die Entsorgung übernehmen muss oder wenn ein Grundstück Umweltlasten aufweist."[2]

4.2.4.2 Rangrücktritt

Im Gegensatz zum Forderungsverzicht führt ein Rangrücktritt nicht zum Erlöschen des Schuldverhältnisses, sondern das Kreditinstitut verpflichtet sich, hinter alle anderen Gläubiger, z.B. Lieferanten, zurückzutreten, die daher eine Vorrangstellung einnehmen. Kommt es zum Insolvenzverfahren, gilt § 39 Abs. 2 InsO: Die Forderungen des Kreditinstituts werden erst bedient, nachdem das sanierungsbedürftige Unternehmen seine Verbindlichkeiten gegenüber allen anderen Gläubigern erfüllt hat. Dazu dienen nur künftige Gewinne, freies Vermögen, das die Schulden übersteigt oder evtl. ein Liquidationsüberschuss. Für das Kreditinstitut wird die Forderung mit Rangrücktritt so faktisch zum Blankoanteil.

Da die Forderung der Bank bestehen bleibt, ist sie in der Handels- und Steuerbilanz des Krisenunternehmens auch weiterhin zu passivieren. In der Überschuldungsbilanz jedoch nicht. Somit verringert sich die Überschuldung oder sie wird sogar ganz beseitigt und bei Kapitalgesellschaften hiermit das Insolvenzverfahren abgewendet. In der Praxis ist eine Rangrücktrittserklärung unwirksam, wenn sie nur auf das Insolvenzverfahren beschränkt wird. Außerdem

---

[1] Vgl. Interview mit Herrn Heitzer, Voba K-N am 10.12.2004, vollständiges Interview siehe Anhang S. 149 ff.
[2] Ebd.

muss genau bestimmt werden, welche Gläubiger eine Vorrangstellung einnehmen. Sie ist keine einseitige Willenserklärung, sondern es handelt sich bei ihr um einen Vertrag![1] Anlage 5, S. 147 zeigt die Formulierung eines Rangrücktritts in einer Rangrücktrittsvereinbarung.

Ein Vorteil gegenüber dem Forderungsverzicht besteht darin, dass die Rangrücktrittserklärung keinen steuerpflichtigen außerordentlichen Ertrag auslöst.[2] Der Rangrücktritt führt allerdings auch nicht zu einer Verbesserung der Liquiditätssituation. Möglicherweise verlangt die Bank, dass die Gesellschafter ihrerseits auch einen Rangrücktritt für ihre Gesellschafterdarlehen erklären. Von 100 Kreditinstituten schließen 46 einen Rangrücktritt als Sanierungsbeitrag vollständig aus, bei 52 kommt er selten in Betracht und nur 2 wenden diese Sanierungsmaßnahme häufig an.[3]

4.2.5 Bereitstellung von Neukrediten

Eine akute Liquiditätskrise lässt sich u.U. nur noch durch die Gewährung eines Neukredits überwinden. In dieser Situation ist genau zu unterscheiden, wann der Kredit bereitgestellt wird, siehe Abb. 12:

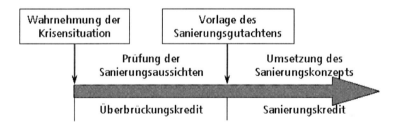

Abb. 12: Bereitstellungszeitraum des Überbrückungs- bzw. Sanierungskredits
Quelle: Die Verfasserin

---

[1] Vgl. Harz, M.; Hub, H.; Schlarb, E.: Sanierungsmanagement, 2. Aufl., Stuttgart 1999, S. 62 ff.
[2] Vgl. Hermanns, J.: Sanierungskonzepte, Sanierungswerkzeuge und deren Haftungsrisiken, in: Finanz Colloquium Heidelberg GmbH (Hrsg.): Problematische Firmenkundenkredite, Heidelberg 2004, S. 127 ff.
[3] Vgl. KPMG: Kreditinstitute und Unternehmenskrisen, Berlin; Leipzig 2002, S. 19 f.

Einen Kredit, der nur den Zweck hat, den Liquiditätsbedarf während der Erstellung des Sanierungskonzepts zu decken, bezeichnet man als Überbrückungskredit. Er ist bis zur Fertigstellung des Sanierungsgutachtens befristet. Seine Laufzeit richtet sich also nach der voraussichtlichen Dauer der Sanierungsprüfung und beträgt in der Praxis 6 bis 8 Wochen.[1]

Der Überbrückungskredit stellt ein großes Risiko für die Bank dar, denn sie genehmigt ihn zu einer Zeit, in der es sehr ungewiss ist, wohin sich die Situation des angeschlagenen Unternehmens weiter bewegt. Kann er überhaupt jemals zurückgezahlt werden? Doch häufig ist dieser Kredit der einzige Weg, schnell dringend benötigte Liquidität zu beschaffen, wenn eine Stundung von Zins- bzw. Tilgungszahlungen nicht ausreicht. Er wird i.d.R. von einem Bankenpool vergeben. Der Poolführer analysiert so schnell wie möglich die Unternehmenssituation und sucht nach noch freiem Vermögen als Sicherheit für den Kredit. Er bereitet dann die notwendigen Verträge vor und wirbt schon bei der ersten Poolsitzung mit einem plausiblen Konzept für die Bereitstellung des Überbrückungskredits.[2] Aufgrund der risikoreichen Situation will sich jede Poolbank mit einer möglichst niedrigen Quote am Überbrückungskredit beteiligen. Deshalb können sich die Kreditverhandlungen von einigen Tagen bis zu mehreren Wochen hinziehen.[3] Hat der Pool schließlich den Kredit eingeräumt, muss er - im Gegensatz zum Sanierungskredit - zu keiner Zeit befürchten, sittenwidrig gehandelt zu haben; auch dann nicht, wenn die Sanierungsprüfung später negativ ausfällt. Kommt es evtl. zu einer gerichtlichen Auseinandersetzung, liegt die Beweislast allerdings beim Kreditgeber. Er muss zeigen, dass es sich um einen Überbrückungskredit handelt. Das Kreditinstitut kann haftbar gemacht werden, falls es nur das Ziel verfolgt, den Wert seiner bestehenden Sicherheiten zu erhöhen. Beispielsweise ist das der Fall, wenn es mit dem Überbrü-

---

[1] Vgl. König, A.: Spezifika bei der Sanierung von Produktionsunternehmen am Praxisfall, in: Finanz Colloquium Heidelberg GmbH (Hrsg.): Problematische Firmenkundenkredite, Heidelberg 2004, S. 378.
[2] Vgl. Buchalik, R.: Restrukturierungs-/Sanierungsmöglichkeiten aus der Sicht der finanzierenden Bank, in: Buth, A.; Hermanns, M. (Hrsg.): Restrukturierung, Sanierung, Insolvenz, München 1998, S. 30.
[3] Vgl. Eidenmüller, H.: Unternehmenssanierung zwischen Markt und Gesetz, Köln 1999, S. 281.

ckungskredit die Weiterverarbeitung von Waren finanziert, die als Sicherheiten für einen schon bestehenden Kredit dienen. Denn durch die Weiterverarbeitung erhöht sich der Wert der Waren und folglich der Wert der Sicherheiten für die Bank.[1] Wichtig ist, dass der Überbrückungskredit mit engen Sicherungszweckerklärungen abgedeckt ist. Vor allem beim Bankenpool besteht sonst die Gefahr, dass ein erweiterter Sicherungszweck vorliegt, da alle in den Pool eingebrachten Sicherheiten für alle im Pool enthaltenen Forderungen gelten. Damit bekommen die einzelnen Poolbanken Sicherheiten, auf die sie eigentlich keinen Anspruch haben. Dies könnte als vorsätzliche Benachteiligung anderer Gläubiger gesehen werden. Tritt dann beim Krisenunternehmen der Insolvenzfall ein, droht für den Überbrückungskredit der Verlust der Poolsicherheiten aufgrund von § 133 Abs. 1 InsO. Generell besteht auch dann keine vorsätzliche Gläubigerbenachteiligung, wenn der Bankenpool mit der ernsthaften Absicht zustande kam, eine erfolgreiche Sanierung durchzuführen.[2]

Zu beachten ist, dass ein Überbrückungskredit nicht immer mit genau festgelegter Höhe neu eingeräumt wird. Er kann auch dadurch entstehen, dass die Bank schon ausgeschöpfte Kreditlinien durch das Einlösen von Lastschriften, Schecks oder Wechseln aufstockt.[3]

Erst nachdem ein vollständiges Sanierungskonzept vorgelegt ist, erkennt die Bank den tatsächlichen Bedarf an liquiden Mitteln während der Sanierung. Ob hierfür z.B. Tilgungsstundungen ausreichen oder ob ein Sanierungskredit notwendig ist, stellt die Bank an der aktuellen Kapitaldienstberechnung fest. Welcher cash-flow ist zur Tilgung welcher Verbindlichkeiten vorhanden? „Wenn z.B. 10 T€ fehlen und die Tilgung 20 T€ beträgt, reicht eine Tilgungsstundung. Ein Neukredit wird nur zur nachhaltigen Verbesserung

---

[1] Vgl. Hermanns, J.: Sanierungskonzepte, Sanierungswerkzeuge und deren Haftungsrisiken, in: Finanz Colloquium Heidelberg GmbH (Hrsg.): Problematische Firmenkundenkredite, Heidelberg 2004, S. 117.
[2] Vgl. Rechtmann, J.: Sicherheiten-Poolverträge am Praxisfall, in: Finanz Colloquium Heidelberg GmbH (Hrsg.): Problematische Firmenkundenkredite, Heidelberg 2004, S. 195 f.
[3] Vgl. Obermüller, M.: Insolvenzrecht in der Bankpraxis, 6. Aufl., Köln 2002, S. 749.

und nicht zum kurzfristigen Überleben gewährt. Er kommt nur für die im Sanierungskonzept genannten Maßnahmen in Frage. Ist dort z.B. eine Spezialisierung festgelegt, so werden nur die für diesen Zweck notwendigen Maßnahmen finanziert,"[1] erklärt Sanierungsexperte Ulrich Heitzer.

Häufig stellt der gesamte Bankenpool Liquidität in Form eines Sanierungskredits zur Verfügung und verbessert damit die Zahlungssituation. Der Sanierungskredit hat mittelfristigen Charakter und deckt z.B. Aufwendungen für Teilbetriebsstilllegungen, Sozialplankosten oder Aufwendungen für Neuinvestitionen.[2] Auf die Beseitigung einer Überschuldung hat er jedoch nur eine Einwirkung, wenn gleichzeitig eine Rangrücktrittserklärung vorliegt.[3]

Für die Vergabe eines Sanierungskredits besteht keine Verpflichtung. Sie erfolgt aus dem Beweggrund, einen Verlust der bestehenden (höheren) Forderungen zu vermeiden.[4] Bei der Entscheidung über seine Gewährung spielen eine positive Zukunftsaussicht des notleidenden Unternehmens, ein plausibles Sanierungskonzept, die noch vorhandenen Sicherheiten, das Vertrauen in den Schuldner sowie die Sanierungsbeiträge der Gesellschafter und der übrigen Gläubiger eine wichtige Rolle.[5]

Räumt die Bank einen Sanierungskredit ein und bestellt dafür Sicherheiten, könnten Dritte falsche Rückschlüsse auf die wirtschaftliche Lage des Krisenunternehmens ziehen und ebenfalls zur Kreditvergabe veranlasst werden; denn die Bank stellt i.d.R. kreditunwürdigen Kunden keine neuen Mittel zur Verfügung. Aufgrund dieses Sachverhalts ist es wichtig, dass die Bank vor der Auszahlung eines Sanierungskredits die Sanierungsaussichten eingehend

---

[1] Interview mit Herrn Heitzer, Voba K-N am 10.12.2004, vollständiges Interview siehe Anhang S. 149 ff.
[2] Vgl. Buchalik, R.: Restrukturierungs-/Sanierungsmöglichkeiten aus der Sicht der finanzierenden Bank, in: Buth, A.; Hermanns, M. (Hrsg.): Restrukturierung, Sanierung, Insolvenz, München 1998, S. 35.
[3] Vgl. Gawaz, K.: Bankenhaftung für Sanierungskredite, Köln 1997, S. 16.
[4] Vgl. Weis, D.: MaK - Anforderungen an die Problemkreditbearbeitung, in: Finanz Colloquium Heidelberg GmbH (Hrsg.): Problematische Firmenkundenkredite, Heidelberg 2004, S. 18.
[5] Vgl. Manzel, I.; Manzel, T.: Wege aus der Unternehmenskrise, Köln 2003, S. 39.

von einem branchenkundigen Experten, z.B. einem Wirtschaftsprüfer, prüfen lässt. Das Kreditinstitut muss eine Sanierungsprüfung hingegen nicht in Auftrag geben, wenn als Sicherheiten öffentliche Bürgschaften oder Garantien vorhanden sind. Denn hier prüfen staatliche Stellen die Sanierungsfähigkeit. Auf deren Prüfungsergebnis darf die Bank vertrauen. Ist das Unternehmen nicht sanierungsfähig oder wird die Prüfung überhaupt nicht durchgeführt und räumt die Bank trotzdem den Sanierungskredit gegen Sicherheiten ein und täuscht sie dadurch Dritte über die Kreditwürdigkeit des Krisenunternehmens, um sich Vorteile zu verschaffen, so handelt sie sittenwidrig.

Neue Kredite können u.U. auch mit der Absicht gewährt werden, die Existenz eines eigentlich nicht mehr überlebensfähigen Unternehmens hinauszuzögern. Denn so bekommt die Bank Zeit, um „in rücksichtsloser und eigensüchtiger Weise ihre Stellung bei dem in Kürze zu erwartenden Zusammenbruch auf Kosten anderer Gläubiger zu verbessern."[1] Beispielsweise möchte eine Gläubigerbank ihre offenen Forderungen aus künftigen Zahlungen der Geschäftspartner des angeschlagenen Unternehmens vor anderen Gläubigern bedienen und veranlasst deshalb durch Bereitstellung neuer Mittel die Unternehmensleitung, den Antrag auf Eröffnung des Insolvenzverfahrens zu verzögern.[2] Dies wird als sittenwidrige Insolvenzverschleppung bezeichnet. Nun handelt es sich nicht mehr um einen Sanierungs-, sondern nur noch um einen eigennützigen Kredit! Die Sittenwidrigkeit wird vor allem dann bedeutend, wenn die Sanierung scheitert und es letztlich zur Insolvenz kommt. Die Folgen: Der Kreditvertrag und alle zum Sanierungskredit gehörenden Sicherheitsverträge sind zwischen Krisenunternehmen und Kreditinstitut nichtig (§ 138 Abs. 1 BGB)! Jetzt gelten die Vorschriften zur ungerechtfertigten Bereicherung: Nach § 812 Abs. 1 BGB müssen die Sicherheiten bzw. im Liquidationsfall ihr Verwertungserlös (§ 818 Abs. 2 BGB) an den Schuldner zurückgegeben werden. Wurde die Kreditsumme schon ausbezahlt, hat die Bank allerdings auch ihrerseits einen Anspruch wegen ungerechtfertigter Bereicherung des Krisenunternehmens. Dieses muss die Kreditsumme zu-

---

[1] Obermüller, M.: Insolvenzrecht in der Bankpraxis, 6. Aufl., Köln 2002, S. 739.
[2] Vgl. Obermüller, M. a.a.O., S. 740.

rückzahlen. Allerdings ist sie in einer akuten Krisensituation i.d.R. schon aufgebraucht und die Bank geht somit leer aus.[1]

Zwischen Bank und dritten Gläubigern des sanierungsbedürftigen Unternehmens gilt § 826 BGB: Das Kreditinstitut ist zum Ersatz des Schadens verpflichtet, der (aufgrund der Insolvenzverschleppung) durch die verspätete Eröffnung des Insolvenzverfahrens entsteht. Konkret bedeutet das: Bei Krediten, die während der Insolvenzverzögerung neu gewährt wurden, muss die schadensersatzpflichtige Bank den kompletten Ausfallbetrag ersetzen. Für schon zuvor bestehende Kredite wird die Schadenshöhe aus der Differenz der eigentlichen und der verspäteten Insolvenzquote ermittelt; sie wird als Quotenschaden bezeichnet. Voraussetzung für die Schadensersatzpflicht: Das Kreditinstitut hat durch die Vergabe eines Sanierungskredits dritte Gläubiger vorsätzlich über die Kreditwürdigkeit des Krisenunternehmens getäuscht. Sie hat also ernsthaft an einer erfolgreichen Sanierung gezweifelt und bewusst die Schädigung anderer Gläubiger in Kauf genommen. Die Beweislast dafür liegt bei den getäuschten Gläubigern.[2]

Um der Insolvenzverschleppung von Anfang an zu entgehen, sollten Kreditinstitute Sanierungskredite höchstens dann einräumen, wenn sie auch tatsächlich dazu geeignet sind, eine erfolgreiche Sanierung durchzuführen. In diesem Fall liegen uneigennützige Kredite vor. Stellen ausschließlich Dritte Sicherheiten für den Sanierungskredit und hat die Bank nur unbesicherte alte Forderungen gegen den Kreditnehmer, kommt auch hier eine Insolvenzverschleppung nicht in Betracht. Allerdings ist diese Situation in der Praxis äußerst selten.[3]

Hat sich eine Bank entschieden, einen rechtmäßigen Sanierungskredit zu vergeben, kann sie ausreichende Sicherheiten einholen. Wichtig ist, dass sie speziell für den Sanierungskredit bestellt wer-

---

[1] Vgl. Manzel, I.; Manzel, T.: Wege aus der Unternehmenskrise, Köln 2003, S. 88.
[2] Vgl. Obermüller, M.: Insolvenzrecht in der Bankpraxis, 6. Aufl., Köln 2002, S. 751 ff.
[3] Vgl. Hermanns, J.: Sanierungskonzepte, Sanierungswerkzeuge und deren Haftungsrisiken, in: Finanz Colloquium Heidelberg GmbH (Hrsg.): Problematische Firmenkundenkredite, Heidelberg 2004, S. 120.

den. Dann handelt es sich um ein Bargeschäft (§ 142 InsO). Daraus folgt: Die Sicherheitsverträge sind auch nach der Eröffnung des Insolvenzverfahrens nicht anfechtbar. Eine Ausnahme hiervon beschreibt § 133 Abs. 1 InsO: Bargeschäfte (und damit die vereinbarten Sicherheitsverträge) sind bei vorsätzlicher Benachteiligung anderer Gläubiger anfechtbar. Dies kann aber verhindert werden, indem die Bank vor Hereinnahme der Sicherheiten eine eingehende Sanierungsprüfung durchführt. Problematisch ist dabei, dass, je weiter die Krisensituation fortschreitet, umso weniger werthaltige Sicherheiten zur Verfügung stehen, da die voll werthaltigen Sicherheiten schon vergeben sind. Als Sicherheiten kommen deshalb z.B. Schuldbeitritte, Sicherungsübereignungen, Grundpfandrechte und Bürgschaften vor.[1] Die noch vorhanden Sicherheiten sind i.d.R. mit einem hohen Ausfallrisiko behaftet.[2]

Tritt der Gesellschafter einer sanierungsbedürftigen GmbH als Bürge auf, muss die Bank in einem eventuellen Insolvenzverfahren ihre Ansprüche zuerst beim Bürgen bedienen. Erst der dann noch verbleibende Ausfallbetrag kann aus der Insolvenzmasse befriedigt werden (§ 32a Abs. 2 GmbHG). Stellen Dritte Sicherheiten zur Verfügung, muss das Kreditinstitut diese nicht über die wirtschaftlich schwierige Lage des Kreditnehmers in Kenntnis setzen. Der Sicherungsgeber ist selbst dazu verpflichtet, sich Informationen über das Krisenunternehmen zu verschaffen. Jedoch kann es vorkommen, dass sich der Dritte über die Folgen seines Handelns irrt oder die Lage nicht durchschaut. Dann ist die Bank zur Aufklärung verpflichtet.[3]

Für ein Kreditinstitut besteht bei einem Sanierungskredit grundsätzlich die Möglichkeit zur Kündigung aus wichtigem Grund nach Nr. 19 Abs. 3 AGB Banken bzw. Nr. 26 Abs. 2 AGB Sparkassen.

---

[1] Vgl. Manzel, I.; Manzel, T.: Wege aus der Unternehmenskrise, Köln 2003, S. 60.
[2] Vgl. Lützenrath, C.; Peppmeier, K.; Schuppener, J.: Bankstrategien für Unternehmenssanierungen, Wiesbaden 2003, S. 107.
[3] Vgl. Obermüller, M.: Insolvenzrecht in der Bankpraxis, 6. Aufl., Köln 2002, S. 749.

Voraussetzung für die Kündigung ist, dass der Verlauf der Sanierung deutlich vom festgelegten Sanierungskonzept abweicht.[1]

In der Praxis legen Kreditinstitute in Verbindung mit Sanierungskrediten immer öfter sogenannte Financial Covenants fest. Das sind Sonderkündigungsmöglichkeiten, die in Kraft treten, sobald bestimmte, im Kreditvertrag vereinbarte Bedingungen nicht (mehr) eingehalten werden. Diese Bedingungen werden in Form von Kennzahlen ausgedrückt, welche die Vermögens- und Ertragssituation des sanierungsbedürftigen Unternehmens widerspiegeln. Sie werden mit Hilfe der GuV und der Bilanz ermittelt. Financial Covenants beinhalten Mindestgrößen bezüglich der
- Eigenkapitalausstattung
- Verschuldung (z.B. der Verschuldungsgrad)
- Gesamtkapitalrendite
- Eigenkapitalrendite
- Liquiditätsverhältnisse (z.B. eine Kennzahl zum Working Capital).

Monatlich oder vierteljährlich überprüft die Bank die Einhaltung der Kennzahlen. Eine deutliche Verschlechterung hat das Krisenunternehmen unverzüglich zu melden. In diesem Fall hat das Kreditinstitut ein außerordentliches Kündigungsrecht.[2] Bei geringeren Abweichungen muss der Kreditnehmer je nach Vereinbarung zusätzliche Sicherheiten stellen, höhere Zinsen zahlen, größere Tilgungsbeiträge leisten oder die Zustimmung der Bank bei bestimmten Rechtsgeschäften einholen.[3]

Kommt das sanierungsbedürftige Unternehmen den festgelegten Bestimmungen nicht nach, kann die Bank den Kreditvertrag aus wichtigem Grund fristlos kündigen. Bei der Nachbesicherung be-

---

[1] Vgl. Hermanns, J.: Sanierungskonzepte, Sanierungswerkzeuge und deren Haftungsrisiken, in: Finanz Colloquium Heidelberg GmbH (Hrsg.): Problematische Firmenkundenkredite, Heidelberg 2004, S. 108.
[2] Vgl. Lützenrath, C.; Peppmeier, K.; Schuppener, J.: Bankstrategien für Unternehmenssanierungen, Wiesbaden 2003, S. 111 ff.
[3] Vgl. Wiechert, C.: Erwartungshaltungen und Taktiken im Sanierungsprozess, in: Finanz Colloquium Heidelberg GmbH (Hrsg.): Problematische Firmenkundenkredite, Heidelberg 2004, S. 362.

steht allerdings für den Kreditgeber die Gefahr, dass sie in einem späteren Insolvenzverfahren angefochten wird.[1]

Im Sanierungsfall Karstadt-Quelle räumten die 16 Poolbanken einen Kredit in Höhe von 1,75 Mrd. € mit einer Laufzeit bis Ende 2007 ein. Voraussetzung für den Kreditvertrag war die Durchführung einer Kapitalerhöhung. Mit dem Kredit sollen überwiegend kurzfristig fällige Kredite refinanziert werden. Er setzt sich zusammen aus:
- 400 Mio. € endfällige Kreditlinie
- bis zu 750 Mio. € revolvierende Saisonlinie (die weitgehend nur saisonal beansprucht werden darf)
- 600 Mio. € revolvierende Kreditlinie

Die Tilgung der letzten beiden Kreditlinien richtet sich nach dem Zufluss bestimmter Mittel. Die Karstadt-Quelle AG stellte folgende Sicherheiten:
- Garantien von Tochtergesellschaften
- Verpfändung der Beteiligung an den Tochtergesellschaften und der Thomas Cook AG, an der die Beteiligung 50% beträgt
- Sicherheitsabtretung und Sicherungsübereignung von Forderungen und Lagerbeständen
- Grundpfandrechte am gesamten inländischen Grundbesitz des Karstadt-Quelle Konzerns

Zusätzlich musste der angeschlagene Konzern noch eine Reihe von Financial Covenants einhalten:
- Ein Mindestbetrag für das konsolidierte bereinigte EBITDA (stellt das Ergebnis vor Zinsen, Steuern und Abschreibungen auf Sachanlagen und immaterielle Anlagen dar[2])
- Mindestvorgaben für das konsolidierte Eigenkapital Ende 2005 und Ende 2006
- Verhältnis konsolidierte Bruttofinanzverbindlichkeiten zu konsolidiertem bereinigtem EBITDA

---

[1] Vgl. Lützenrath, C.; Peppmeier, K.; Schuppener, J. a.a.O., S. 111 ff.
[2] Vgl. Wöhe, G.: Einführung in die allgemeine Betriebswirtschaftslehre, 21. Aufl., München 2002, S. 948.

➤ Verhältnis konsolidiertes bereinigtes EBITDA zu konsolidiertem Nettozinsaufwand

Verletzungen der Kennzahlen können zu Kreditkündigungen und damit der Fälligstellung des gesamten Kreditbetrags führen, was eine erhebliche Liquiditätsbelastung für Karstadt-Quelle bedeuten würde.[1]

4.2.6 Dept-Equity-Swap

Durch einen Dept-Equity-Swap wandelt eine Bank ihre Forderungen in Eigenkapital um und beteiligt sich so an dem Krisenunternehmen. Die Beteiligung ist eine Alternative für das Kreditinstitut, wenn in der Krisensituation keine Sicherheiten vorhanden sind. Dadurch verringert sich die Überschuldung. Bisher zu erbringende Tilgungsleistungen und auch Zinszahlungen des notleidenden Unternehmens fallen weg, da das Eigenkapital - im Gegensatz zur vorher bestehenden Verbindlichkeit - nicht verzinst werden muss. Dies wirkt sich positiv auf die Liquiditätslage aus.[2]

Die Umwandlung erfolgt bei Kapitalgesellschaften durch einen Kapitalerhöhungsbeschluss. Hierbei handelt es sich um eine Sacheinlage.[3] In der Bilanz des notleidenden Unternehmens entspricht die Einlage dem Teilwert der Bankforderung zum Zeitpunkt der Beteiligung. Die Differenz zwischen dem Buchwert der Forderung und der Kapitalerhöhung wird als Sanierungsgewinn ausgewiesen, sofern ihm keine Verlustvorträge gegenüberstehen.[4] Aufgrund der genannten Auswirkungen ist ein Dept-Equity-Swap für das sanierungsbedürftige Unternehmen sehr effizient.

Im folgenden ist die Bilanz einer AG vor und nach der Umwandlung einer Bankforderung in eine Beteiligung dargestellt. Die For-

---

[1] Vgl. Karstadt-Quelle AG: Verkaufsprospekt, Frankfurt am Main; Düsseldorf 2004, S. 94 ff.
[2] Vgl. Eisele, W.: Technik des betrieblichen Rechnungswesens, 7. Aufl., München 2002, S. 996.
[3] Vgl. Manzel, I.; Manzel, T.: Wege aus der Unternehmenskrise, Köln 2003, S. 81.
[4] Vgl. Lützenrath, C.; Peppmeier, K.; Schuppener, J.: Bankstrategien für Unternehmenssanierungen, Wiesbaden 2003, S. 94.

derung von Bank A beträgt 2.900 T€; der Teilwert der Bankforderung zum Zeitpunkt der Umwandlung ist auf 2.000 T€ festgelegt.

Bilanz vor Umwandlung in T€

Aktiva		Passiva	
Anlagevermögen	4.790	Grundkapital	2.000
Umlaufvermögen		Verlustvortrag	-400
Waren	500	Jahresfehlbetrag	-100
Forderungen	100	Fremdkapital	
Zahlungsmittel	10	Bank A	2.900
		Bank B	1.000
Bilanzsumme	5.400	Bilanzsumme	5.400

Bilanz nach Umwandlung in T€

Aktiva		Passiva	
Anlagevermögen	4.790	Grundkapital	4.000
Umlaufvermögen		Verlustvortrag	0
Waren	500	Jahresfehlbetrag	0
Forderungen	100	Jahresüberschuss	400
Zahlungsmittel	10	Fremdkapital	
		Bank A	0
		Bank B	1.000
Bilanzsumme	5.400	Bilanzsumme	5.400

Abb. 13: Auswirkungen der Umwandlung einer Bankforderung in eine Beteiligung auf die Bilanz
Quelle: Die Verfasserin

Der Sanierungsgewinn von 900 T€ wird für die Abdeckung des VV von 400 T€ und des JF von 100 T€ verwendet; der Restbetrag von 400 T€ ergibt einen Jahresüberschuss.

Beteiligt sich das Kreditinstitut zusätzlich durch eine Bareinlage am sanierungsbedürftigen Unternehmen, erhöht sich dessen Zahlungsfähigkeit. Eine Bareinlage erfolgt z.B. im Rahmen einer Kapitalerhöhung mit Platzierungsgarantie, falls die Bank nicht alle neuen Aktien am Markt unterbringt.

Eine Bankbeteiligung verbessert zudem den Good-will der angeschlagenen Gesellschaft. Dieser Sachverhalt wirkt sich positiv gegenüber den Lieferanten und Kunden des Unternehmens aus.[1] Dadurch hat das Kreditinstitut als Gesellschafter Einfluss auf die Geschäftsführung des Unternehmens: Beispielsweise bringt es Mitarbeiter im Aufsichtsrat ein und versucht, seine strategischen Ziele umzusetzen (dies sieht die bisherige Unternehmensführung allerdings eher negativ an). Außerdem profitiert die Bank nach erfolgreicher Sanierung durch ihren Anteil am Unternehmenswert von den dann erwirtschafteten Gewinnen.[2]

Trotzdem wird diese Maßnahme in der Praxis selten angewendet.[3] Warum? Sie beinhaltet erhebliche Risiken für das finanzierende Kreditinstitut: Zunächst ist das Verbot der Unterpariemission zu berücksichtigen. Das heißt, die Forderung, die in eine Beteiligung umgewandelt werden soll, muss in vollem Umfang durch Vermögen der Gesellschaft gedeckt sein, was in Krisensituationen i.d.R. aber nicht der Fall ist. Vor allem bei erfolgloser Sanierung überprüft der Insolvenzverwalter genauestens die Werthaltigkeit der Forderung. Stellt er fest, dass die Forderung von der Bank überbewertet war, tritt der Grundsatz der Differenzhaftung des Sacheinlegers in Kraft. Das Kreditinstitut muss den Unterschiedsbetrag zwischen dem Nennbetrag der Forderung und ihrem tatsächlichen Wert bar in die Gesellschaft einbringen.

Ein weiteres Risiko resultiert aus der Gesellschafterrolle, welche die Bank durch ihre Beteiligung am Krisenunternehmen einnimmt. Denn dann gelten die in Kapitel 4.1.3, S. 43 f. genannten Vorschriften zur Kapitalerhaltung und zum Kapitalersatz auch für sie (allerdings nicht bei Beteiligungen an Personen- und Einzelunternehmen):[4] Hat eine Bank als Gesellschafter einem Krisenunternehmen einen Sanierungskredit gewährt und kommt es zum Insol-

---

[1] Vgl. Fechner, D.: Praxis der Unternehmenssanierung, Neuwied; Kriftel 1999, S. 207.
[2] Vgl. Kautzsch, C.: Unternehmenssanierung im Insolvenzverfahren, Lohmar; Köln 2001, S. 192.
[3] Vgl. KPMG: Kreditinstitute und Unternehmenskrisen, Berlin; Leipzig 2002, S. 20.
[4] Vgl. Hermanns, J.: Sanierungskonzepte, Sanierungswerkzeuge und deren Haftungsrisiken, in: Finanz Colloquium Heidelberg GmbH (Hrsg.): Problematische Firmenkundenkredite, Heidelberg 2004, S. 129 ff.

venzverfahren, wird die Bank erst nach allen anderen Insolvenzgläubigern bedient.[1]

Daraus kann man schließen, dass eine Umwandlung von Forderungen in Beteiligungen als Sanierungsmaßnahme seitens der Kreditinstitute vollkommen ausgeschlossen wird. Um dies zu verhindern, gibt es einige Ausnahmen (Sanierungsprivileg): Die oben genannten Vorschriften zum Kapitalersatz gelten daher nicht für
1. nicht geschäftsführende Gesellschafter (also hier kreditgebende Banken) mit einer Beteiligung bis max. 10% des Stammkapitals[2]; bei einer AG laut Rechtsprechung mit einer Beteiligung bis 25% des Grundkapitals, vorausgesetzt, der Aktionär hat keinen maßgeblichen Einfluss auf die Unternehmensleitung;[3]
2. bereits bestehende oder neu eingeräumte Kredite von Kreditinstituten oder Gesellschaftern - falls die Umwandlung von Forderungen in Geschäftsanteile in einer Krisensituation und mit dem Zweck erfolgte, das Unternehmen bei der Bekämpfung der Krise zu unterstützen.[4].
Folgende Situationen sind möglich:
> Vor der Krisensituation bestand keine Beteiligung. In der Krisenlage werden Forderungen umgewandelt. Die Beteiligung darf in diesem Fall im Gegensatz zu 1. auch mehr als 10% bzw. 25% betragen.
> Vor der Krisensituation war das Kreditinstitut unter 10% bzw. 25% am Unternehmen beteiligt. In der Krisenlage werden Forderungen in der Höhe umgewandelt, dass sie diese Grenzen übersteigen. Hier finden die Vorschriften zum Kapitalersatz ebenfalls keine Anwendung.

Das Sanierungsprivileg kommt weder für neue noch für bestehende Kredite zum Einsatz, wenn vor der Krisensituation die Beteiligung schon über der 10%- bzw. 25%-Grenze lag und in der Krise

---
[1] Vgl. § 32a Abs. 1 GmbHG.
[2] Vgl. § 32a Abs. 3 Satz 2 GmbHG.
[3] Vgl. Hermanns, J.: Sanierungskonzepte, Sanierungswerkzeuge und deren Haftungsrisiken, in: Finanz Colloquium Heidelberg GmbH (Hrsg.): Problematische Firmenkundenkredite, Heidelberg 2004, S. 130.
[4] Vgl. § 32a Abs. 3 Satz 3 GmbHG.

durch Forderungsumwandlung weiter aufgestockt wurde. Die Kapitalersatzfunktion ist nämlich schon vor der Krisenlage eingetreten.[1]

Nicht eindeutig geregelt ist, wie lange das Sanierungsprivileg bestehen bleibt. Sinnvoll ist die Annahme, dass es mit erfolgreicher Überwindung der Krise wegfällt. Denn sonst würde es wie ein Freibrief in evtl. später eintretenden neuen Krisensituationen wieder herangezogen werden.[2]

Die Bank kann den Eigenkapitalersatzvorschriften ausweichen, wenn sie ihre Forderungen in Genussrechtskapital statt in Eigenkapital umwandelt. Denn hier hat sie weder Stimm- noch Vermögensrechte.[3]

Beim Dept-Equity-Swap wird die Bank Gesellschafter „und haftet für das gesamte Unternehmen und damit auch für Risiken, die sie noch nicht kennt. Bei einem Kredit von z.B. 100 T€ beträgt der Ausfall höchstens 100 T€, bei einer Beteiligung kann die Bank dagegen weit mehr verlieren."[4]

Aufgrund der genannten Risiken muss die Bank grundsätzlich genau abwägen, ob sie sich an einem sanierungsbedürftigen Unternehmen beteiligt. Entscheidet sie sich dagegen, besteht aber trotzdem die Gefahr, dass sie einen starken Einfluss auf das Unternehmen ausübt und dadurch - wie generell bei jeder Sanierungsmaßnahme - Haftungsrisiken übernimmt, insbesondere durch die faktische Geschäftsführung und die Knebelung des Schuldners.
Um eine faktische Geschäftsführung handelt es sich, wenn durch Nebenabreden festgelegt ist, dass das Kreditinstitut auf wichtige Entscheidungen der Unternehmensleitung des Krisenunterneh-

---

[1] Vgl. Obermüller, M.: Insolvenzrecht in der Bankpraxis, 6. Aufl., Köln 2002, S. 849 ff.
[2] Vgl. Hermanns, J.: Sanierungskonzepte, Sanierungswerkzeuge und deren Haftungsrisiken, in: Finanz Colloquium Heidelberg GmbH (Hrsg.): Problematische Firmenkundenkredite, Heidelberg 2004, S. 133 ff.
[3] Vgl. Lützenrath, C.; Peppmeier, K.; Schuppener, J.: Bankstrategien für Unternehmenssanierungen, Wiesbaden 2003, S. 95.
[4] Interview mit Herrn Heitzer, Voba K-N am 10.12.2004, vollständiges Interview siehe Anhang S. 149 ff.

mens Einfluss nimmt und daher seine Stellung beinahe oder ganz der des geschäftsführenden Gesellschafters entspricht. Beispiele:
> Die Bank bestimmt unwiderruflich, welcher Unternehmensberater die Sanierung begleitet.
> Vor einer Änderung des Gesellschaftsvertrags ist die Zustimmung des Kreditinstituts erforderlich.
> Das Kreditinstitut setzt einen neuen Gesellschafter seiner Wahl im Krisenunternehmen ein.[1]

Vereinzelte Eingriffe in die Geschäftsführung des zu sanierenden Unternehmens bewirken normalerweise jedoch noch keine Haftung des Kreditinstituts. Hierfür muss immer die Stellung der Bank innerhalb der Gesamtsituation betrachtet werden.[2]

Liegt eine faktische Geschäftsführung (z.B. im Rahmen von Financial Covenants) vor, gelten die oben dargestellten Regeln zum Kapitalersatz, ohne dass dabei das Sanierungsprivileg angewendet werden darf. Dies bedeutet: Der Bank können im Insolvenzfall alle schon vor der Unternehmenskrise gewährten Darlehen samt deren Sicherheiten und ein neu eingeräumter Sanierungskredit verloren gehen.[3] Als faktischer Geschäftsführer haftet das Kreditinstitut auch für die Schulden des Krisenunternehmens.[4] Daraus folgt: Möchte die Bank an der Führung des Unternehmens mitwirken, sollte sie sich an ihm beteiligen, denn dann kann sie zumindest das Sanierungsprivileg nutzen.

Eine Knebelung des Krisenunternehmens tritt häufig in Verbindung mit der faktischen Geschäftsführung auf. Wenn das Kreditinstitut wegen der schlechten finanziellen Lage der Gesellschaft Sicherheiten für bestehende Kredite in einem unverhältnismäßig hohen Ausmaß bestellt, wird die Gesellschaft in ihrer wirtschaftlichen

---

[1] Vgl. Harz, M.; Hub, H.; Schlarb, E.: Sanierungsmanagement, 2. Aufl., Stuttgart 1999, S. 334 f.
[2] Vgl. Hermanns, J.: Sanierungskonzepte, Sanierungswerkzeuge und deren Haftungsrisiken, in: Finanz Colloquium Heidelberg GmbH (Hrsg.): Problematische Firmenkundenkredite, Heidelberg 2004, S. 135 f.
[3] Vgl. Harz, M.; Hub, H.; Schlarb, E. a.a.O., S. 336 f.
[4] Vgl. Rechtmann, J.: Sicherheiten in der Krise: Neubestellung und Aktivitäten zu bestehenden Sicherheiten, in: Finanz Colloquium Heidelberg GmbH (Hrsg.): Problematische Firmenkundenkredite, Heidelberg 2004, S. 156.

Bewegungsfreiheit extrem eingeengt. Die Bank bindet also das komplette Vermögen oder bedeutende Teile davon. Kann das Unternehmen die als Sicherheiten übertragenen Gegenstände für seinen Geschäftsbetrieb nicht mehr nutzen, entsteht eine unzumutbare wirtschaftliche Abhängigkeit und Unselbständigkeit. Zwischen Kreditinstitut und Krisenunternehmen liegt dann ein sittenwidriger Kreditvertrag vor, der nach § 138 BGB neben allen dazugehörenden Sicherheitsverträgen nichtig ist. Die Bank muss die Sicherheiten bzw. ihren Verwertungserlös dem sanierungsbedürftigen Unternehmen wieder übertragen (§ 138 Abs. 2 i.V.m. § 812 Abs. 1 BGB). Schädigt sie im Rahmen der sittenwidrigen Schuldnerknebelung andere Gläubiger, ist - sofern sie vorsätzlich gehandelt hat - der entstandene Schaden nach § 826 BGB zu ersetzen. Dies ist z.b. der Fall, wenn sie das zu sanierende Unternehmen dazu veranlasst, Lastschriften dritter Gläubiger zurückzugeben, aber gleichzeitig ihre ausstehenden Forderungen durch noch vorhandene liquide Mittel zurückführt.

Bestellt oder pfändet die Bank hingegen Sicherheiten in angemessenem Verhältnis zum besicherten Kredit, liegt keine Schuldnerknebelung vor; selbst dann nicht, wenn das angemessene Verhältnis das gesamte Vermögen des Kreditnehmers ausmacht.[1]

4.2.7 Finanzierung Dritter zum Vorteil des Kreditnehmers

Die Finanzierung Dritter zum Vorteil des Kreditnehmers ist in der Praxis bei der GmbH häufig anzutreffen. Die Ehefrau des Geschäftsführers nimmt ein Bankdarlehen auf und bringt die Mittel in die GmbH ein. Geschieht das als Beteiligung, wirkt sie sich positiv auf die Überschuldung aus. Als Sicherheit dient beispielsweise eine Grundschuld auf einem Grundstück der Ehefrau. Um einen Insolvenzgrund aufzuheben, ist dies rechtlich einwandfrei. Die Bank muss nur darauf achten, dass keine Beihilfe zur Insolvenzverschleppung vorliegt. Andere Dritte werden höchstens in Einzelfällen finanziert.[2]

---

[1] Vgl. Rechtmann, J.: Sicherheiten in der Krise: Neubestellung und Aktivitäten zu bestehenden Sicherheiten, in: Finanz Colloquium Heidelberg GmbH (Hrsg.): Problematische Firmenkundenkredite, Heidelberg 2004, S. 147 ff.
[2] Vgl. Interview mit Herrn Heitzer, Voba K-N am 10.12.2004, vollständiges Interview siehe Anhang S. 149 ff.

Wenn der Kunde einer Bank einen Kredit für ein Geschäft mit einem Krisenunternehmen, das ebenfalls Kunde dieser Bank ist, aufnehmen will, kann die Bank gegenüber dem Geschäftspartner in bestimmten Fällen zu einem Hinweis über die finanziellen Verhältnisse des sanierungsbedürftigen Unternehmens verpflichtet sein; und das trotz Bankgeheimnis! Hierfür ist aber eine besondere Aufklärungs- und Schutzbedürftigkeit des Geschäftspartners in folgenden Situationen notwendig:
- Die Bank schuf einen speziellen Gefährdungstatbestand, d.h. sie trug dazu bei, dass sich das Risiko aus dem Geschäft ihres Darlehensnehmers mit dem Krisenunternehmen erhöhte.
- Die Bank hat einen Wissensvorsprung gegenüber dem Geschäftspartner. Ihr ist aus den Unterlagen des Krisenunternehmens bekannt, dass das Geschäft zwischen Kreditnehmer und krisenbehaftetem Unternehmen scheitern wird.
- Die Bank bemüht sich selbst um mögliche Geldgeber zur Beseitigung der Krise oder veranlasst andere Gläubiger zum Stillhalten.

Ist es hingegen öffentlich bekannt, dass sich das Unternehmen in einer Krisenlage befindet, wie z.B. beim Sanierungsfall Karstadt-Quelle, besteht keine Warnpflicht seitens der Bank gegenüber dem Geschäftspartner des Krisenunternehmens.[1]

4.3 Handlungsmöglichkeiten aus Sicht der Steuergläubiger

Der Geschäftsführer eines notleidenden Unternehmens kann Sanierungsbeiträge mit dem zuständigen Finanzamt vereinbaren, um die eigentlich für die Steuerzahlungen sofort notwendige Liquidität anders zu nutzen. Hierfür gibt es die folgenden Möglichkeiten.

4.3.1 Stundung von Steuern

Das Finanzamt des sanierungsbedürftigen Unternehmens kann dessen Steuern vollständig oder teilweise stunden. Die Voraussetzungen hierfür sind:

---

[1] Vgl. Obermüller, M.: Insolvenzrecht in der Bankpraxis, 6. Aufl., Köln 2002, S. 697 ff.

➤ Bei der Steuerzahlung muss es sich um einen Härtefall handeln, durch den der Steuerpflichtige in existenzbedrohende Zahlungsschwierigkeiten kommt[1].
➤ Durch die Stundung darf der Anspruch auf die Steuerschuld nicht verloren gehen.
➤ I.d.R. ist ein Antrag des Krisenunternehmens für die Stundung und die Stellung von Sicherheiten erforderlich.[2]

Nach § 234 Abs. 1 AO werden für gestundete Steuerschulden Stundungszinsen erhoben, die mit der letzten Rate der Steuerzahlung zu entrichten sind. Im Rahmen von Unternehmenssanierungen kann die Steuerbehörde jedoch auf die Stundungszinsen verzichten.[3]

Ein Unternehmer überzeugt das Finanzamt von der Notwendigkeit einer Stundung der Steuerschuld am besten, wenn er einen genauen Rückzahlungsplan vorlegt.[4]

4.3.2 Vollstreckungsaufschub

Die Finanzbehörde kann eine Vollstreckung aufgrund fälliger Forderungen kurzfristig vornehmen, da sie keinen gerichtlich erteilten Vollstreckungstitel benötigt.[5] Um dies zu verhindern, sollte das krisenhafte Unternehmen bei seinem Finanzamt einen Vollstreckungsaufschub beantragen.

Wie bei der Stundung bezahlt beim Vollstreckungsaufschub ein angeschlagenes Unternehmen seine fälligen Steuern zu einem späteren Zeitpunkt. Der ursprüngliche Fälligkeitstermin verändert sich im Gegensatz zur Stundung aber nicht, es werden lediglich nicht sofort Vollstreckungsmaßnahmen eingeleitet.[6]

---

[1] Vgl. Böckenförde, B.: Unternehmenssanierung, Stuttgart 1991, S. 170.
[2] Vgl. § 222 AO.
[3] Vgl. § 234 Abs. 2 AO i.V.m. AEAO - § 234.
[4] Vgl. Wiechert, C.: Erwartungshaltungen und Taktiken im Sanierungsprozess, in: Finanz Colloquium Heidelberg GmbH (Hrsg.): Problematische Firmenkundenkredite, Heidelberg 2004, S. 328.
[5] Vgl. Buchalik, R.: Restrukturierungs-/Sanierungsmöglichkeiten aus der Sicht der finanzierenden Bank, in: Buth, A.; Hermanns, M. (Hrsg.): Restrukturierung, Sanierung, Insolvenz, München 1998, S. 32.
[6] Vgl. § 361 AO.

4.3.3 Erlass von Steuern

Ein Erlass von Steuern ist in Verbindung mit einem Forderungsverzicht anderer Gläubiger sinnvoll. Denn dann entfällt die sonst beim Forderungsverzicht entstehende Besteuerung des Sanierungsgewinns (dargestellt in Kapitel 4.2.3.2, S. 64 f.). Voraussetzungen für diese Sanierungsmaßnahme:
- Der Unternehmer stellt hierfür einen Antrag beim Finanzamt oder bei der Gemeindebehörde, falls es sich z.B. um Grundsteuer handelt.
- Durch die Zahlung der Steuern muss die Existenz des sanierungsbedürftigen Unternehmens nach § 227 AO bedroht sein.

Sogar bereits bezahlte Beträge kann die Finanzbehörde wieder erstatten oder später anrechnen. Allerdings geht mit einem Steuererlass auch ein evtl. vorhandener Verlustvortrag verloren. Beim Verlustvortrag können Gewinne mit Verlusten aus der Vergangenheit zeitlich und innerhalb einer Einkunftsart unbegrenzt verrechnet werden. Auf andere Einkunftsarten bezogen beschränkt sich die jährliche Verrechnungsmöglichkeit auf 1 Mio. € (bei Zusammenveranlagung 2 Mio. €). Ist der Verlustvortrag aus der Vergangenheit größer als 1 Mio. € (bzw. 2 Mio. €), können zusätzlich noch 60% des Ergebnisses aus der Summe der positiven Einkünfte anderer Einkunftsarten angerechnet werden (§10d Abs. 2 EStG). Vor allem natürliche Personen mit Verlustvorträgen aus verschiedenen Einkunftsarten müssen genau abwägen, was für sie sinnvoller ist: entweder die Beibehaltung des Verlustvortrags oder der Steuererlass. Ein Steuererlass lohnt sich nur, wenn keine ausreichenden Verlustvorträge vorhanden sind, mit denen ein Sanierungsgewinn verrechnet werden kann.[1] Dazu ist in Anlage 6, S. 148 ein Beispiel dargestellt.

Liegt ein Steuererlass vor und muss das sanierte Unternehmen Zahlungen auf Besserungsscheine leisten, entsteht der Nachteil,

---

[1] Vgl. Hoffmann, W.: (Neue) steuerliche Möglichkeiten in der frühen Sanierung, in: Finanz Colloquium Heidelberg GmbH (Hrsg.): Problematische Firmenkundenkredite, Heidelberg 2004, S. 89.

dass diese Betriebsausgaben im Rahmen der Steuerermittlung nicht abziehbar sind.[1]

Der Steuererlass bringt dem Unternehmen zwar keine zusätzliche Liquidität, aber er entlastet den Liquiditätsbedarf und trägt durch den Wegfall der Verbindlichkeit zur Verringerung einer etwaigen Überschuldung bei.

Entsprechend dem Steuererlass besteht die Möglichkeit, die Steuern eines Unternehmens in einer weniger extremen Krisenlage nach § 163 AO auch herabzusetzen.[2]

4.4 Handlungsmöglichkeiten aus Sicht der Lieferanten

Auch die Lieferanten eines Krisenunternehmens können sich an dessen Sanierung beteiligen. Ihr Ziel ist es zunächst, bevorstehende Umsatzverluste abzuwenden, aber vor allem auch bedeutende Kunden nicht zu verlieren. Sie sind diejenigen Gläubiger, auf die sich ein Scheitern der Sanierung stark auswirken würde. Lieferanten sind dann bereit, Sanierungsbeiträge zu leisten, wenn ihnen positive Zukunftsaussichten für die Überwindung der Krisenlage aufgezeigt werden.[3]

Im wesentlichen stehen ihnen die gleichen Sanierungsmaßnahmen wie den Kreditinstituten zur Verfügung. Auf speziell die Lieferanten betreffende Möglichkeiten wird im folgenden näher eingegangen.

4.4.1 Umwandlung der Schulden

Der Lieferant verhindert den Liquiditätsabfluss bei einem notleidenden Unternehmen, indem er anstelle der sofortigen Zahlung seiner Waren einen Wechsel auf das Unternehmen ausstellt. Er hat dann die Möglichkeit, über den Betrag trotzdem zu verfügen, falls er den Wechsel bei seiner Bank diskontiert. Das sanierungsbedürf-

---

[1] Vgl. Hoffmann, W.: (Neue) steuerliche Möglichkeiten in der frühen Sanierung, in: Finanz Colloquium Heidelberg GmbH (Hrsg.): Problematische Firmenkundenkredite, Heidelberg 2004, S. 90.
[2] Vgl. Fechner, D.: Praxis der Unternehmenssanierung, Neuwied; Kriftel 1999, S. 201.
[3] Vgl. Fechner, D. a.a.O., S. 315.

tige Unternehmen verlängert sein Zahlungsziel und kann sich bei Fälligkeit einen neuen Prolongationswechsel ausstellen lassen.[1] Dieser Sanierungsbeitrag hat den Vorteil, dass er einfach durchzuführen ist. Allerdings kann sich die Lage des Krisenunternehmens während der Laufzeit des Wechsels weiter verschlechtern. Außerdem ist nicht jede Bank bereit, einen auf ein marodes Unternehmen gezogenen Wechsel anzukaufen.

4.4.2 Ausweitung der Lieferantenkredite

Ein Lieferantenkredit bedeutet, dass ein Kunde die erhaltene Ware erst zu einem späteren Zeitpunkt bezahlen muss. Der Lieferant räumt dem Abnehmer eine Zahlungsfrist ein (i.d.R. 10 bis 40 Tage) und stundet so den Kaufpreis der Ware. Die Absicherung des Lieferantenkredits erfolgt durch einen Eigentumsvorbehalt. Als Anreiz für eine schnellere Bezahlung gewährt er eine Skontofrist. Sie beträgt bis zu 14 Tage. Innerhalb dieser kann ein Abnehmer einen bestimmten Skontosatz (i.d.R. zwischen 1% und 3%) vom Rechnungsbetrag abziehen.[2] Ein Unternehmen in einer momentan sehr angespannten Liquiditätslage wird folglich die komplette Zahlungsfrist ausnutzen. Der Lieferant leistet einen zusätzlichen Sanierungsbeitrag, indem er das Zahlungsziel noch weiter ausdehnt. Dies bringt zwar keine neuen Mittel ins Unternehmen, verzögert aber den Liquiditätsbedarf. Doch auf längere Sicht ist der Lieferantenkredit ohne Ausnutzung der Skontierungsmöglichkeit eine teure Maßnahme. Günstiger wäre es, ein eingeräumtes Skonto zu beanspruchen und den fehlenden Rechnungsbetrag über eine Bank zu finanzieren. Doch fraglich ist, ob ein Kreditinstitut in der Krisenlage eines Unternehmens dazu bereit ist.[3]

Tritt ein notleidender Kunde an einen seiner Lieferanten heran, um ein längeres als das ursprünglich vereinbarte Zahlungsziel zu erreichen, wird diese Bitte schnell unter den anderen Lieferanten bekannt. Falls sich aufgrund der Krisensituation auch noch die Bonität des Abnehmers verschlechtert, führt dies vielleicht dazu, dass

---

[1] Vgl. Böckenförde, B.: Unternehmenssanierung, Stuttgart 1991, S. 161.
[2] Vgl. Olfert, K.; Reichel, C.: Finanzierung, 12. Aufl., Ludwigshafen (Rhein) 2003, S. 287 ff.
[3] Vgl. Keller, R.: Unternehmenssanierung, Herne; Berlin 1999, S. 173.

bedeutende Lieferanten aus Angst vor Forderungsausfällen nur noch gegen Vorauskasse oder überhaupt nicht mehr liefern.[1] Dadurch verschärft sich die Krisenlage zusätzlich. Deshalb sollte die Ausweitung von Lieferantenkrediten nur der letzte Ausweg einer Sanierungsmaßnahme sein.

4.5 Handlungsmöglichkeiten aus Sicht der Kunden

Vor allem Kunden können ein großes Interesse am Fortbestand ihres Lieferunternehmens haben, wenn für die gekauften Waren ein individuelles technisches Know-how gefragt ist, ein spezielles Herstellungsverfahren erfordert oder der Standort des Lieferanten Vorteile bringt. Außerdem ist ein Lieferantenwechsel für einen Kunden häufig risikoreich und mit zahlreichen Umstellungen verbunden.

Durch die Vorlage eines aussagekräftigen, erfolgversprechenden und umsetzbaren Sanierungskonzepts kann der Gesellschafter eines sanierungsbedürftigen Unternehmens seine Kunden für die Mitwirkung bei der Sanierung gewinnen.[2] Die Kunden unterstützen das Unternehmen, indem sie Anzahlungen leisten. Die Liquidität des Krisenunternehmens wird erhöht, da sich die Kunden an dem Kapitalbedarf beteiligen, der zur Herstellung ihrer Ware erforderlich ist. Dies hat den Charakter eines Kredites.

Ein anderer Sanierungsbeitrag besteht darin, dass die Kunden bei Lieferung der Ware sofort bezahlen.[3] Sind sie dazu nicht bereit, so kann das notleidende Unternehmen mit den Kunden auch eine Eilskontierung vereinbaren: Zahlt ein Abnehmer seine Ware an dem Tag, an dem er sie bzw. die Rechnung erhält, ist er berechtigt, seinen Skontoabzug zusätzlich um 1% zu erhöhen. Dies ist für das sanierungsbedürftige Unternehmen jedoch eine teure Angelegenheit, da es weniger Mittel erhält, doch dafür steht die Liquidität schneller zur Verfügung.[4]

---

[1] Vgl. Böckenförde, B.: Unternehmenssanierung, Stuttgart 1991, S. 71.
[2] Vgl. Fechner, D.: Praxis der Unternehmenssanierung, Neuwied; Kriftel 1999, S. 314 f.
[3] Vgl. Fechner, D. a.a.O., S. 53.
[4] Vgl. Fechner, D. a.a.O., S. 164.

Kunden sollten an einer Sanierung allerdings erst beteiligt werden, wenn alle zuvor genannten Sanierungsmaßnahmen des Unternehmens sowie der Gläubiger erfolglos waren und die Existenz des Unternehmen ansonsten ohnehin verloren wäre. Denn sind die Kunden zur Mithilfe an der Sanierung nicht bereit, da der Zusammenbruch des Unternehmens für sie keine Nachteile bringt, können für das Krisenunternehmen weitreichende Imageschäden entstehen, die den Fortbestand des Unternehmens für lange Zeit deutlich erschweren.

5 Insolvenz als letzte Chance zur Sanierung

Ist eine akute, im Gegensatz zu den vorherigen Kapiteln nicht mehr beherrschbare Krise eingetreten, lässt sich ein Insolvenzverfahren nicht mehr vermeiden. Jedoch bedeutet Insolvenz nicht zwangsläufig die Verwertung des Vermögens durch Auflösung des Krisenunternehmens, wie der Fall der Esslinger Sektkellerei Keller zeigt, deren Weiterführung nach Meinung des Insolvenzverwalters gesichert ist.[1] Die Eröffnung des Insolvenzverfahrens kann eine Maßnahme darstellen, um ein Unternehmen in der Insolvenz zu sanieren und die Gläubiger aus den zukünftigen Erträgen des wieder gesundeten Unternehmens zu bedienen.[2] Dadurch lassen sich die Forderungen der Gläubiger evtl. sogar noch zu einer höheren Quote erfüllen, als das bei der Zerschlagung des Unternehmens der Fall wäre.[3] Außerdem gelingen Sanierungen außerhalb des Insolvenzverfahrens dann nicht, wenn sich die beteiligen Gläubiger aufgrund ihrer unterschiedlichen Besicherungssituationen nicht auf ein einheitliches Vorgehen im Rahmen eines außergerichtlichen Vergleichs einigen.[4]

5.1 Entlastungen durch Insolvenz

Falls die außergerichtliche Sanierung nicht erfolgreich war und sämtliche Gläubiger (Banken, Lieferanten, Finanzbehörden) Vollstreckungen ankündigen, sollte der Schuldner bei drohender Zahlungsunfähigkeit den Antrag auf Eröffnung des Insolvenzverfahrens unverzüglich stellen, damit die Sanierung doch noch in der Insolvenz durchgeführt wird. Seit Einführung der Insolvenzordnung stellen Krisenunternehmen bälder den Insolvenzantrag, somit haben sie mehr Masse, mit der eine Sanierung noch gelingen kann. Die Folge: Bei deutlich mehr als der Hälfte der Antragstellungen wird ein Insolvenzverfahren eröffnet, zuvor war dies mangels Mas-

---

[1] Vgl. o.V.: Kessler meldet Insolvenz an, in: Reutlinger General-Anzeiger vom 24.12.2004, S. 34.
[2] Vgl. Birker, K.: Insolvenz als akute Krise, in: Birker, K.; Pepels, W. (Hrsg.): Handbuch Krisenbewusstes Management, Berlin 2000, S. 324.
[3] Vgl. Kautzsch, C.: Unternehmenssanierung im Insolvenzverfahren, Lohmar; Köln 2001, S. 18.
[4] Vgl. Evers, J.: Kredite für Kleinunternehmen, Frankfurt am Main 2002, S. 54.

se bei 3 von 4 Fällen nicht möglich.¹ Beispielsweise sieht der Vorstand der Walter Bau AG die Eröffnung des Insolvenzverfahrens als letzte Möglichkeit, um durch die damit verbundenen Entlastungen wesentliche Teile des Konzerns noch zu retten.²

Wird das Insolvenzverfahren über ein Unternehmen eröffnet, können die Gläubiger bis zu seiner Beendigung keine Einzelzwangsvollstreckungen mehr durchführen. Auch die Vollstreckungsmaßnahmen, die bis zum letzten Monat vor der Stellung des Insolvenzantrags durchgeführt wurden, sind unwirksam.³

Die Sanierung im Insolvenzverfahren ist also nicht durch den Widerstand einzelner Gläubiger gefährdet. Das betriebsnotwendige Vermögen bleibt dem sanierungsbedürftigen Unternehmen zunächst erhalten. Da keine Einzelvollstreckungen mehr möglich sind, stimmen die Gläubiger eher den zuvor abgelehnten Sanierungsmaßnahmen zu. Denn vor der Insolvenzbeantragung wollen sie noch so viel wie irgend möglich gewinnen, in der Insolvenz hat sich ihre Sichtweise dagegen gedreht: Jetzt geht es darum, so wenig wie möglich zu verlieren.

Mit dem Eintritt in die vorläufige Insolvenz muss das Unternehmen keine Lohn- und Gehaltszahlungen mehr entrichten; diese übernimmt nach der Eröffnung des Insolvenzverfahrens die Bundesagentur für Arbeit.⁴ Es wird von Pensionszahlungen, Leasing- und Mietraten für nicht genutzte Kapazitäten befreit. Außerdem müssen ungenutzte Kapazitäten, z.B. stillstehende Maschinen, nicht mehr abgeschrieben werden.⁵ Die Ertragslage und die Liquidität verbessern sich.

---

[1] Vgl. Angermüller, N.; Eichhorn, M.; Ramke, T.: Eine Fallstudie Übertragende Sanierungen im Firmenkundengeschäft, in: Betriebswirtschaftliche Blätter, 10/2004, S. 522 f.
[2] Vgl. o.V., 2005 online: Mit letzter Kraft. URL: http://www.manager-magazin.de/unternehmen/artikel/0,2828,339702,00.html
[3] Vgl. Birker, K.: Insolvenz als akute Krise, in: Birker, K.; Pepels, W. (Hrsg.): Handbuch Krisenbewusstes Management, Berlin 2000, S. 319.
[4] Vgl. Lützenrath, C.; Peppmeier, K.; Schuppener, J.: Bankstrategien für Unternehmenssanierungen, Wiesbaden 2003, S. 159.
[5] Vgl. Pieper, M.; Pulver, A.: Sanierungsfähigkeit und -würdigkeit in der Insolvenz, in: DSWR 5/2003, S. 133.

In der Insolvenz sind die Forderungen der Mitarbeiter aus einem Sozialplan auf maximal ⅓ der Insolvenzmasse begrenzt.[1]

Falls im Insolvenzplan nicht anders festgelegt, muss das Unternehmen, nachdem es die vereinbarten Quoten befriedigt hat, die danach noch bestehenden Verbindlichkeiten nicht mehr erfüllen - auch wenn später wieder ausreichende Erträge erwirtschaftet werden. Ist beispielsweise die Quote eines Gläubigers mit 60% determiniert, wird das Unternehmen nach der Erfüllung dieses Anteils von seiner Schuld befreit. Die restlichen 40% müssen nicht mehr erbracht werden.[2]

In der Insolvenz sollte die Unternehmensführung die außergerichtliche Sanierung parallel weiter verfolgen.[3] Denn stimmen die Gläubiger den abgelehnten Sanierungsmaßnahmen doch zu, ist selbst nach der Eröffnung des Insolvenzverfahrens eine außergerichtliche Sanierung möglich! Das Insolvenzgericht beendet das Insolvenzverfahren auf Antrag des Schuldners, wenn sich der Schuldner und die Gläubiger auf eine außergerichtliche Sanierung einigen und gleichzeitig sichergestellt ist, dass nach der Beendigung weder Zahlungsunfähigkeit oder drohende Zahlungsunfähigkeit noch Überschuldung vorliegt.[4]

5.2 Voraussetzungen für die Eröffnung des Insolvenzverfahrens

Nur das Amtsgericht, dessen Sitz am Ort des zuständigen Landgerichts ist, kann ein Insolvenzverfahren eröffnen.[5] Beispiel: Für ein Unternehmen in Reutlingen ist dies das Amtsgericht Tübingen, da das für Reutlingen zuständige Landgericht seinen Sitz in Tübingen hat. Für die Eröffnung ist ein Insolvenzantrag erforderlich, den entweder der Unternehmer der krisenhaften Gesellschaft selbst oder ein Gläubiger stellt.[6] Sowohl Kapitalgesellschaften als auch

---

[1] Vgl. § 123 Abs. 2 InsO.
[2] Vgl. Kautzsch, C.: Unternehmenssanierung im Insolvenzverfahren, Lohmar; Köln 2001, S. 194.
[3] Vgl. Seefelder, G.: Unternehmenssanierung, Stuttgart 2003, S. 128.
[4] Vgl. § 212 InsO.
[5] Vgl. § 2 Abs. 1 InsO.
[6] Vgl. § 13 Abs. 1 InsO.

Personengesellschaften sind insolvenzfähig.[1] Insolvenzantragspflicht besteht bei Kapitalgesellschaften für die Organe sowie die Geschäftsführer und bei Personenunternehmen für die persönlich haftenden Gesellschafter. Bei Kapitalgesellschaften und bei der GmbH & Co. KG gilt: Sobald die Vermögenslage bekannt ist, welche die Insolvenz hervorruft, muss unverzüglich, spätestens jedoch nach drei Wochen, ein Insolvenzantrag gestellt werden (§ 64 Abs. 1 GmbHG, § 92 Abs. 2 AktG und § 130a Abs. 1 i.V.m. § 177a HGB). Auf die Beantragung der Insolvenzeröffnung folgt eine Prüfungsphase des Amtsgerichts, an die sich die Eröffnung des Insolvenzverfahrens anschließt. Die Prüfungsphase wird Insolvenzeröffnungsverfahren genannt. Das Amtsgericht prüft die Zuständigkeit des Gerichts, die Insolvenzfähigkeit des Schuldners, den Insolvenzgrund und ob die vorhandene Masse die Kosten des Verfahrens deckt.[2] Es gibt drei Insolvenzgründe:

> Zahlungsunfähigkeit
  Der Schuldner kann seine Verbindlichkeiten nicht begleichen, da ihm die nötigen liquiden Mittel fehlen.[3] Zahlungsunfähigkeit besteht nach dem IDW, wenn ein Unternehmen seine fälligen Verbindlichkeiten auch nach dem folgenden Monat noch nicht begleichen kann.[4] Sie ist aus dem Finanzplan ersichtlich und äußert sich nach außen z.B. durch laufende Überschreitung der Zahlungsziele, bei denen auch Mahnungen erfolglos bleiben.[5]

> Überschuldung
  Die Verbindlichkeiten des Unternehmens sind durch sein Vermögen nicht mehr gedeckt, siehe Abb. 14:

---

[1] Vgl. § 11 InsO.
[2] Vgl. Birker, K.: Insolvenz als akute Krise, in: Birker, K.; Pepels, W. (Hrsg.): Handbuch Krisenbewusstes Management, Berlin 2000, S. 315 ff.
[3] Vgl. § 17 Abs. 2 InsO.
[4] Vgl. Harz, M.; Hub, H.; Schlarb, E.: Sanierungsmanagement, 2. Aufl., Stuttgart 1999, S. 69.
[5] Vgl. Birker, K. a.a.O., S. 314.

Zeitwerte des Vermögens	Zeitwerte der Verbindlichkeiten
Überschuldung	

Abb. 14: Darstellung der Überschuldung
Quelle: Horst, K.: Engpass Finanzwirtschaft, in: Birker, K.; Pepels, W. (Hrsg.): Handbuch Krisenbewusstes Management, Berlin 2000, S. 86.

Bei Einzelunternehmen und Personengesellschaften verringern Verluste das Eigenkapital. Ist es vollständig aufgebraucht, entsteht eine Unterbilanz. Die Kapitalkonten der Gesellschafter werden negativ und somit auf der Aktivseite der Bilanz ausgewiesen. Überschuldung besteht, sofern auch schon alle stillen Reserven aufgebraucht sind.

Bei Kapitalgesellschaften hingegen bildet sich schon vor dem Überschuldungsstatus eine Unterbilanz. Da das gezeichnete Kapital satzungsmäßig festgelegt ist, wird der Verlust zunächst mit den vorhandenen Rücklagen und dem Gewinnvortrag verrechnet und dann als Verlustvortrag gesondert ausgewiesen. Das Vermögen der Gesellschaft übersteigt bei Vorlage einer Unterbilanz ohne Überschuldung jedoch noch die vorhandenen Verbindlichkeiten, die Differenz zwischen Vermögen und Verbindlichkeiten ist aber niedriger als das Grund- bzw. Stammkapital.[1]

Eine Überschuldung liegt dann vor, wenn das Reinvermögen des Unternehmens negativ ist. Wie wird dieses ermittelt? Zuerst muss festgestellt werden, ob das Unternehmen in seiner aktuellen Situation überleben kann. Dies trifft zu, wenn innerhalb eines Prognosezeitraums die Gesellschaft ihr finanzielles Gleichgewicht wieder erlangen kann. Andernfalls ergibt sich eine negative Fortbestehensprognose; das Unternehmen ist nicht überlebensfähig. Als nächstes wird eine Überschuldungsbilanz aufgestellt. Dabei muss zwischen den

---

[1] Vgl. Böckenförde, B.: Unternehmenssanierung, Stuttgart 1991, S. 14.

beiden gerade beschriebenen Fällen unterschieden werden. Bei positiver Fortbestehensprognose bewertet man die Positionen auf der Aktivseite mit going-concern-Werten, bei negativer Fortbestehensprognose mit ihrem Liquidationswert. Von der Summe der Aktiva subtrahiert man die gesamten Verbindlichkeiten ohne Rangrücktrittserklärungen. Wichtig ist, stille Reserven und Vermögensgegenstände, die nach Handelsrecht nicht bilanziert werden dürfen, zu berücksichtigen. Das gesamte verwertbare Vermögen ist anzusetzen.

Übersicht zur Ermittlung der Überschuldung:
  Summe der Aktiva
+ nicht bilanzierungsfähige Vermögenswerte
+ stille Reserven
- Verbindlichkeiten ohne Rangrücktrittserklärung
= Reinvermögen

Auch bei positiver Fortbestehensprognose muss ein Insolvenzantrag zwingend gestellt werden, falls das Reinvermögen negativ ist.[1]

Die folgenden Bilanzen zeigen die Überschuldungssituation jeweils bei einer Personen- und Kapitalgesellschaft:

Überschuldungsbilanz Personengesellschaft in T€

Aktiva		Passiva	
Anlagevermögen einschl. stille Reserven u. nicht bilanzierungsfähige Vermögenswerte	3.000	Fremdkapital ohne Rangrücktrittsterklärungen	3.700
Umlaufvermögen	500		
Eigenkapital	200		
Bilanzsumme	3.700	Bilanzsumme	3.700

---

[1] Vgl. Hermanns, J.: Sanierungskonzepte, Sanierungswerkzeuge und deren Haftungsrisiken, in: Finanz Colloquium Heidelberg GmbH (Hrsg.): Problematische Firmenkundenkredite, Heidelberg 2004, S. 101 ff.

Überschuldungsbilanz Kapitalgesellschaft in T€			
Aktiva			Passiva
Anlagevermögen	3.000	gez. Kapital	2.000
einschl. stille Reserven		Verlustvortrag	-200
u. nicht bilanzierungs-		Jahresfehlbetrag	-100
fähige Vermögenswerte		Fremdkapital	3.700
Umlaufvermögen	500	ohne Rangrücktritts-	
Nicht durch EK		erklärungen	
gedeckter FB	1.900		
Bilanzsumme	5.400	Bilanzsumme	5.400

Abb. 15: Überschuldungsbilanzen Personen- und Kapitalgesellschaft
Quelle: Die Verfasserin

Die Überschuldung ist im Gegensatz zur Zahlungsunfähigkeit nur bei juristischen Personen und Gesellschaften ohne persönlich haftende natürliche Personen, wie die GmbH & Co. KG, ein Insolvenzgrund.[1]
➢ Drohende Zahlungsunfähigkeit
Der Schuldner kann seine Verbindlichkeiten bei Fälligkeit voraussichtlich nicht begleichen. In diesem Fall ist aber nur der Schuldner und nicht die Gläubiger berechtigt (aber nicht verpflichtet!), einen Insolvenzantrag zu stellen.[2] Mit diesem Insolvenzgrund wird eine frühzeitige Eröffnung des Insolvenzverfahrens möglich. Das Krisenunternehmen kann somit seine Sanierungschancen mit Hilfe des Schutzes der Insolvenzordnung erhöhen.[3]

Ursache für die meisten Insolvenzen ist die Zahlungsunfähigkeit des Unternehmens ohne dass zugleich eine Überschuldung vorliegt, z.B. wenn hohe Kundenforderungen ausfallen oder eine große Investition in der erhofften Zeit nicht den gewünschten Ertrag bringt. Wegen Zahlungsunfähigkeit mussten beispielsweise am 01.12.2004 die Schreibwarengroßhandlung Schreyer[4] und am

---

[1] Vgl. § 19 InsO.
[2] Vgl. § 18 Abs. 1 und 2 InsO.
[3] Vgl. Birker, K.: Insolvenz als akute Krise, in: Birker, K.; Pepels, W. (Hrsg.): Handbuch Krisenbewusstes Management, Berlin 2000, S. 316 f.
[4] Vgl. Rogowski, U.: Schreyer hat Insolvenzantrag gestellt, in: Reutlinger General-Anzeiger vom 2.12.2004, S. 32.

01.02.2005 Deutschlands drittgrößtes Bauunternehmen Walter Bau[1] den Insolvenzantrag stellen. Ebenso führt auch eine Überschuldung allein zur Insolvenz oder beide Sachverhalte treten gemeinsam auf. Beispiel: Ein überschuldetes Unternehmen, das gleichzeitig zahlungsunfähig ist, benötigt für seine Auszahlungen zusätzliche Kredite.[2]

Während der Prüfungsphase müssen alle Maßnahmen durchgeführt werden, die eine weitere Verschlechterung der wirtschaftlichen Situation des Unternehmens verhindern: Einsetzung eines vorläufigen Insolvenzverwalters, Erteilung eines allgemeinen Verfügungsverbotes, Vollstreckungsverbote usw.[3] Wenn die Insolvenzgründe nicht erfüllt sind oder die Masse zur Begleichung der Verfahrenskosten nicht ausreicht, lehnt das Gericht den Insolvenzantrag als unbegründet ab.[4] Für das Krisenunternehmen bedeutet dies zwingend eine Auflösung und Einzelzwangsvollsteckungen der Gläubiger! Kann das Insolvenzverfahren jedoch eröffnet werden, leitet ein Insolvenzverwalter das Krisenunternehmen (ein Sonderfall ist die Eigenverwaltung eines an der Insolvenz (nahezu) schuldlosen Unternehmers). In einer Gläubigerversammlung bestimmen die Gläubiger den weiteren Ablauf. Es gibt zwei Möglichkeiten:

> ➢ Regelverfahren
> Beim Regelverfahren gelten die gesetzlichen Vorschriften zur Insolvenz, insbesondere die Insolvenzordnung.
> ➢ Insolvenzplanverfahren

Scheitert die Fortführung des Unternehmens in der Insolvenz, wird es liquidiert und die Gläubiger aus der Insolvenzmasse bedient.[5] Abb. 16 stellt nochmals zusammenfassend die möglichen Abläufe des Insolvenzverfahrens dar:

---

[1] Vgl. o.V.: Strabag interessiert an Dywidag, in: Reutlinger General-Anzeiger vom 3.2.2005, S. 29.
[2] Vgl. Horst, K.: Engpass Finanzwirtschaft, in: Birker, K.; Pepels, W. (Hrsg.): Handbuch Krisenbewusstes Management, Berlin 2000, S. 86.
[3] Vgl. § 21 Abs. 1 und 2 InsO.
[4] Vgl. §§ 16, 26 Abs. 1 InsO.
[5] Vgl. Birker, K.: Insolvenz als akute Krise, in: Birker, K.; Pepels, W. (Hrsg.): Handbuch Krisenbewusstes Management, Berlin 2000, S. 317 ff.

Insolvenz als letzte Chance zur Sanierung   Seite 101

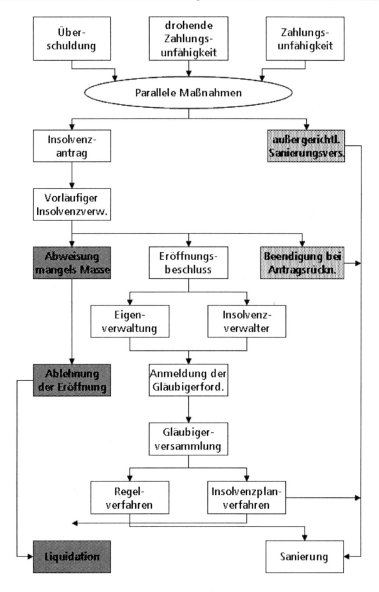

Abb. 16: Überblick über das Insolvenzverfahren
Quelle: Die Verfasserin, in Anlehnung an Seefelder, G.: Unternehmenssanierung, Stuttgart 2003, S. 17

5.3 Besonderheiten in der Insolvenz gegenüber den außergerichtlichen Sanierungsmaßnahmen

Mit der Eröffnung des Insolvenzverfahrens verliert der Unternehmer i.d.R. das Recht, über das zur Insolvenzmasse gehörende Vermögen zu verfügen und es zu verwalten. Die Unternehmensleitung wird nun vom Insolvenzverwalter wahrgenommen.[1] Die Gläubiger müssen ihre Forderungen und Sicherungsrechte dem Insolvenzverwalter mitteilen. Leistungen an das Krisenunternehmen sind an den Insolvenzverwalter zu erbringen. Hierbei lassen sich zwei Sachverhalte unterscheiden.

➢ Verträge, die bei Verfahrenseröffnung von einer Seite noch nicht erfüllt sind:
Hat das Krisenunternehmen seine Vertragspflichten schon erfüllt, der Vertragspartner aber noch nicht, muss dieser seine Leistung zugunsten der Insolvenzmasse erbringen. Wenn umgekehrt der Vertragspartner den Vertrag schon erfüllt hat, das Krisenunternehmen jedoch noch nicht, gehört der Vertragspartner zu den Insolvenzgläubigern und wird erst bei Verteilung der Insolvenzmasse bedient. Dies gilt jedoch nicht, wenn ein Lieferant unter Eigentumsvorbehalt geliefert hat. In diesem Fall kann er die Rückgabe seiner Ware verlangen.

➢ Verträge, die bei Verfahrenseröffnung noch von keiner Seite erfüllt sind:
Hier hat der Insolvenzverwalter ein Wahlrecht. Er kann bestimmen, ob der Vertragspartner seine Leistung erbringen muss, z.B. eine vereinbarte Sanierungsmaßnahme. Wählt er diese Alternative, wird die Gegenforderung des Vertragspartners bevorzugt gegenüber schon vor Verfahrenseröffnung bestehenden Forderungen aus der Insolvenzmasse befriedigt. Entscheidet sich der Insolvenzverwalter jedoch für die Nichterfüllung, hat der Geschäftspartner einen Schadensersatzanspruch, der zur Insolvenzforderung wird und deren Bedienung erst bei Verteilung der Masse erfolgt.[2]

---

[1] Vgl. § 80 Abs. 1 InsO.
[2] Vgl. Birker, K.: Insolvenz als akute Krise, in: Birker, K.; Pepels, W. (Hrsg.): Handbuch Krisenbewusstes Management, Berlin 2000, S. 319.

Bewegliche Gegenstände, die absonderungsberechtigt, also z.b. sicherungsübereignet oder verpfändet sind, kann der Insolvenzverwalter auch während der Insolvenz weiterhin, wenn vereinbart gegen Zinszahlungen und Ersatz des durch den Gebrauch eintretenden Wertverlusts (§§ 169, 172 InsO) nutzen (§ 166 Abs. 1 InsO). So kann das Unternehmen erhalten und der Geschäftsbetrieb auch in der Insolvenz fortgeführt werden.[1] Gegenstände, bei denen ein verlängerter Eigentumsvorbehalt besteht, stehen dem Unternehmen bis zum Berichtstermin zur Verfügung, an dem die Gläubiger über den weiteren Ablauf des Insolvenzverfahrens entscheiden (§ 107 Abs. 2 InsO).

Das bei der Insolvenzeröffnung vorhandene pfändbare Vermögen und alle pfändbaren Leistungen, die das Krisenunternehmen während der Dauer des Insolvenzverfahrens zusätzlich erhält, werden als Insolvenzmasse zusammengefasst.[2]

Mit der Eröffnung des Insolvenzverfahrens erlischt ein Kontokorrentkredit (§ 116 i.V.m. § 115 InsO). Dies bedeutet: Ein schon in Anspruch genommener KK-Kredit wird sofort fällig und die noch nicht ausgeschöpften KK-Linien stehen nicht mehr zur Verfügung. Andere, noch nicht ausgezahlte Kredite (z.B. Annuitätendarlehen und Ratenkredite) bleiben bestehen. Der Insolvenzverwalter kann wählen, ob er sie in Anspruch nehmen will (§ 103 InsO). Jedoch hat die Bank aufgrund ihrer AGB das Recht, diese Kreditverträge fristlos zu kündigen.[3] Lässt die Bank die Kredite allerdings stehen, kann der gestaltende Teil des Insolvenzplans einen Kreditrahmen vorsehen, innerhalb dem die stehen gelassenen Kredite und nach der Aufhebung des Insolvenzverfahrens neu gewährten Kredite vorrangig bedient werden (sogenannte Plafondskredite), falls es kurz darauf zu einem zweiten Insolvenzverfahren kommt (§ 264 InsO). Diese Regelung soll die Vergabe von liquiden Mitteln im und nach dem Insolvenzverfahren erleichtern. Die Bevorzugung gilt während der Überwachungsphase nach Aufhebung der Insolvenz, sie ist insgesamt aber auf höchstens 3 Jahre begrenzt. Denn in die-

---

[1] Vgl. Kautzsch, C.: Unternehmenssanierung im Insolvenzverfahren, Lohmar; Köln 2001, S. 191.
[2] Vgl. §§ 35, 36 Abs. 1 Satz 1 InsO.
[3] Vgl. Kautzsch, C. a.a.O., S. 120 ff.

ser Situation ist es für Krisenunternehmen schwierig, ohne Anreize Kredite zu bekommen, da (fast) keine Sicherheiten vorhanden sind. Findet die Gesellschaft doch einen Gläubiger, dann nur mit Risikozuschlägen, die das Unternehmen zusätzlich belasten.[1]

Schon in Anspruch genommene Darlehen werden bei Eröffnung des Insolvenzverfahrens sofort fällig, ohne dass eine Kündigung erforderlich ist (§ 41 InsO). Kredite von Banken sind bei der Weiterführung der Gesellschaft im Insolvenzverfahren Masseverbindlichkeiten.

Auch während des Insolvenzverfahrens darf der Insolvenzverwalter grundsätzlich neue Kredite, z.B. für die Zahlung von Warenlieferungen, aufnehmen. Allerdings ist bei hohen Kreditsummen noch die Zustimmung des Gläubigerausschusses erforderlich (§ 160 Abs. 2 Nr. 2 InsO). Diese Kredite sind sonstige Masseverbindlichkeiten (§ 55 Abs. 1 Nr. 1 InsO), für die der Insolvenzverwalter persönlich haftet. Dadurch verringert sich das Risiko der Kreditgewährung für die Bank, denn reicht die Insolvenzmasse zur Rückzahlung nicht aus, kann sie vom Insolvenzverwalter persönlich Schadensersatz verlangen. Ein Restrisiko besteht für die Bank für den folgenden Fall: Der Insolvenzverwalter haftet nicht, wenn er bei der Kreditaufnahme nicht erkennen konnte, dass die Insolvenzmasse zur Rückzahlung voraussichtlich nicht ausreichen würde (§ 61 InsO).

Als Sicherheiten kommt zunächst noch freies Vermögen aus der Insolvenzmasse in Frage. Ist allerdings keines mehr vorhanden, können zukünftig entstehende Forderungen abgetreten werden. Außerdem kann der Kreditgeber auch Kostenbeiträge als Sicherheiten heranziehen.[2] Dabei handelt es sich um bestimmte Prozentsätze der Verwertungserlöse, die für die Feststellung und Verwertung durch den Insolvenzverwalter in die Insolvenzmasse eingehen. Wenn nicht abweichend geregelt, betragen die Kostenbeiträge 4% der Verwertungserlöse für die Feststellung und 5% für die Verwer-

---

[1] Vgl. Seidel, C.: Sanierungspläne des Verwalters und Insolvenzplanverfahren, in: Finanz Colloquium Heidelberg GmbH (Hrsg.): Problematische Firmenkundenkredite, Heidelberg 2004, S. 560 f.
[2] Vgl. Lützenrath, C.; Peppmeier, K.; Schuppener, J.: Bankstrategien für Unternehmenssanierungen, Wiesbaden 2003, S. 165 f.

tung.¹ Eine weitere Absicherungsmöglichkeit besteht darin, dass der Bank für einen Neukredit eine bevorrechtigte Rangstellung gegenüber den anderen Gläubigern eingeräumt wird. Generelle Voraussetzung für die Sicherheitenbestellung ist, dass der Gläubigerausschuss den vorläufigen Insolvenzverwalter hierfür berechtigt. Da die Sicherheitenbestellung ein Bargeschäft darstellt, kann sie niemand anfechten.²

Gewährt der Gesellschafter eines sanierungsbedürftigen Unternehmens diesem während dem Insolvenzverfahren ein Darlehen, so gelten hier nicht die Regelungen zum Eigenkapitalersatz. Kommt es zur Liquidation, werden die Forderungen der Gesellschafter aus der Insolvenzmasse bedient.³ Hat der Gesellschafter dem Unternehmen jedoch schon vor der Insolvenz einen Sanierungskredit gegeben, wird dieser bei der Eröffnung des Insolvenzverfahrens nachrangig (§§ 264 Abs. 3, 39 Abs. 1 Nr. 5 InsO).

Liegt schon beim Eintritt in die Insolvenz ein Rangrücktritt vor, muss die entsprechende Verbindlichkeit in der Insolvenzeröffnungsbilanz nicht mehr passiviert werden.⁴

5.4 Insolvenzplan als Sanierungsplan

Ein Ziel der Insolvenzordnung ist die Sanierung eines insolventen Unternehmens mit Hilfe eines Insolvenzplans.⁵ Hierzu kann das Unternehmen entweder erhalten bleiben oder auf einen anderen Rechtsträger übergehen (= übertragende Sanierung, siehe Kapitel 6, S. 117 ff.). Der Insolvenzplan enthält von der Insolvenzordnung abweichende Regelungen zur
  ➢ Befriedigung der Gläubiger

---

[1] Vgl. §§ 170, 171 InsO.
[2] Vgl. Obermüller, M.: Insolvenzrecht in der Bankpraxis, 6. Aufl., Köln 2002, S. 814 ff.
[3] Vgl. Kautzsch, C.: Unternehmenssanierung im Insolvenzverfahren, Lohmar; Köln 2001, S. 130.
[4] Vgl. Hermanns, J.: Sanierungskonzepte, Sanierungswerkzeuge und deren Haftungsrisiken, in: Finanz Colloquium Heidelberg GmbH (Hrsg.): Problematische Firmenkundenkredite, Heidelberg 2004, S. 128.
[5] Vgl. § 1 InsO.

> Verwertung der Insolvenzmasse und deren Verteilung an die Gläubiger
> Haftung des Schuldners nach der Beendigung des Insolvenzverfahrens.[1]

Demgemäß haben die Gläubiger große Spielräume, das Vermögen eines insolventen Unternehmens am besten und wirtschaftlichsten zu verwerten und eine Sanierung des Krisenunternehmens zu erreichen. Der Insolvenzplan dient dazu, dass die Beteiligten eine optimale Insolvenzabwicklung, individuell auf ihren Sanierungsfall zugeschnitten, gestalten können.[2] Jedoch dürfen sowohl der Schuldner als auch die Gläubiger nicht schlechter gestellt werden, als dies nach den gesetzlichen Regelungen der Fall wäre.

Der Schuldner oder der Insolvenzverwalter kann einen Insolvenzplan, den er jeweils entweder aus eigener Initiative oder auf Drängen der Gläubigerversammlung erstellt hat, beim Amtsgericht vorlegen (§ 218 Abs. 1 i.V.m. § 157 InsO). In jedem Fall wird der Insolvenzplan zur Annahme oder Ablehnung an die Gläubigerversammlung weitergeleitet. Bei Planvorlage durch den Insolvenzverwalter ist die Zustimmung des Schuldners erforderlich.[3] Es gibt zwei Arten von Insolvenzplänen:
> Prepackaged plan
  (wird vor dem Antrag auf Eröffnung des Insolvenzverfahrens erstellt)
> Insolvenzverwalterplan
  (wird erst nach der Eröffnung des Insolvenzverfahrens erstellt)[4]

Der Insolvenzplan besteht aus einem darstellenden und einem gestaltenden Teil sowie den Plananlagen. Der darstellende Teil soll die Gläubiger ausführlich über die bestehende Situation sowie die geplanten Sanierungsmaßnahmen informieren und sie dazu bringen,

---

[1] Vgl. § 217 InsO.
[2] Vgl. Kautzsch, C.: Unternehmenssanierung im Insolvenzverfahren, Lohmar; Köln 2001, S. 169.
[3] Vgl. Birker, K.: Insolvenz als akute Krise, in: Birker, K.; Pepels, W. (Hrsg.): Handbuch Krisenbewusstes Management, Berlin 2000, S. 323.
[4] Vgl. Institut der Wirtschaftsprüfer: Anforderungen an Insolvenzpläne, FAR 3/1999.

den Insolvenzplan anzunehmen. Der gestaltende Teil zeigt, wie die Rechtsstellung der Beteiligten im Rahmen der Sanierung geändert wird.[1] Der Insolvenzplan hat im einzelnen die folgenden Mindestinhalte:
1. Darstellender Teil
   - Ziele und Struktur des Insolvenzplans
   - Gruppenbildung
     Sie umfasst die Beschreibung der verschiedenen Gläubigergruppen (§ 222 Abs. 1 InsO: absonderungsberechtigte Gläubiger, nicht nachrangige Insolvenzgläubiger, einzelne Rangklassen der nachrangigen Gläubiger, wobei die Gruppen mit gleicher Rechtsstellung nochmals in Gruppen mit gleichartigen wirtschaftlichen Interessen unterteilt werden können) und die Begründung für ihre Bildung.
   - Darstellung der für die Beteiligten erforderlichen Unternehmensdaten
   - Analyse des Unternehmens
     Diese beinhaltet die Insolvenzursachenanalyse und eine Lagebeurteilung des insolventen Unternehmens.
   - Leitbild des Unternehmens
     Es zeigt die Ziele und Visionen, die nach der Umsetzung des Insolvenzplans weiter verfolgt werden sollen.
   - Sanierungsmaßnahmen
     Hier werden die bereits umgesetzten und die beabsichtigten Maßnahmen sowie ihre Überwachung erläutert.
   - Zusammenfassung der Ergebnisse für die Gläubiger bei Annahme des Insolvenzplans
     Es wird auf die verschiedenen Leistungen und ihre Höhe eingegangen, welche die Gläubiger erbringen sollen. Außerdem gehören zu diesem Punkt Vergleichsrechnungen, die zeigen, wie sich die Quote der einzelnen Gläubiger bei der Realisierung des Insolvenzplans im Gegensatz zur Liquidation voraussichtlich verbessert.
   - Abstimmungsantrag der Gläubiger
     Er enthält den Beschluss der Gläubiger, dass die Sanierung nach dem Insolvenzplan- und nicht nach dem Regelverfah-

---

[1] Vgl. Kautzsch, C.: Unternehmenssanierung im Insolvenzverfahren, Lohmar; Köln 2001, S. 176 ff.

ren erfolgt; damit stimmen die Gläubiger dem Insolvenzplan zu.

2. Gestaltender Teil
   - Allgemeine Regelungen
   Sie zeigen die Rechtswirkungen der abgegebenen Willenserklärungen und die Vertretungsbefugnisse.
   - Gruppenbildung
   Diese umfasst die Abgrenzung der im darstellenden Teil beschriebenen Gruppen mit Begründung, Grund und Höhe ihrer Forderungen.
   - Veränderung der Rechtsstellung der Beteiligten
   Hier wird als zentraler Punkt dargestellt, wie in die Rechte der Beteiligten im Rahmen der Sanierungsmaßnahmen durch einen Insolvenzplan eingegriffen wird und wie sie sich dadurch gegenüber den gesetzlichen Vorschriften ändern.
   - Ergänzende Regelungen
   Z.B.: Kapitalmaßnahmen, Besserungsscheine, Investitionen
   - Überwachung der Planerfüllung

3. Plananlagen
   - Allgemeine Plananlagen
   Jahresabschlüsse der letzten drei bis fünf Jahre, Gesellschaftsvertrag, Satzung des Unternehmens
   - Plananlagen auf den Zeitpunkt der Verfahrenseröffnung
   Vermögensübersicht, Handelsbilanz, GuV
   - Plananlagen auf den Zeitpunkt des Inkrafttretens des Insolvenzplans
   Plan-Vermögensübersicht, Plan-Handelsbilanz, Plan-GuV, Finanzplan, Plan-Liquiditätsrechnung, die jeweils bis zur planmäßig vorgesehenen Bedienung der Gläubiger zu erstellen sind. Dies ist für die Gläubiger von besonderer Bedeutung, da ihre Forderungen aus diesen geplanten Erträgen erfüllt werden sollen[1].
   - Ergänzende Plananlagen

---

[1] Vgl. Kautzsch, C.: Unternehmenssanierung im Insolvenzverfahren, Lohmar; Köln 2001, S. 196.

Bei evtl. eintretenden Sachverhalten, z.b. bei Beteiligungen, sind dem Insolvenzplan ergänzende Plananlagen beizulegen.
➤ Gläubigerverzeichnisse[1]

Der Insolvenzplan soll die Gläubiger davon überzeugen, dass ihnen eine Sanierung des Unternehmens gegenüber einer Zerschlagung Vorteile bringt. Dazu muss er alle Fragen der Gläubiger beantworten und Missverständnisse über die Situation des Unternehmens beseitigen. Deshalb sind detaillierte Angaben zur Lage des Unternehmens, eine genaue Begründung der Sanierungsfähigkeit und das Aufzeigen einer besseren Bedienung der Gläubiger durch das Insolvenzplanverfahren im Gegensatz zur Liquidation des Unternehmens wichtig. Er entspricht zum Teil dem außergerichtlichen Sanierungskonzept und kann aus diesem abgeleitet werden.[2]

Vorraussetzung für die Umsetzung ist lt. § 244 Abs. 1 InsO:
➤ In jeder einzelnen Gruppe stimmt die Mehrheit der abstimmenden Gläubiger dem Insolvenzplan zu. Beispiel:

	Gruppe 1 3 Gläubiger	Gruppe 2 3 Gläubiger	Gruppe 3 2 Gläubiger	Gruppe 4 5 Gläubiger	Ergebnis
Annahme	2	3	2	3	Annahme des Insolvenzplans
Ablehnung	1	0	0	2	

Tab. 2: Annahme des Insolvenzplans durch Zustimmung aller Gruppen
Quelle: Die Verfasserin

➤ Die Ansprüche der Gläubiger, die für den Insolvenzplan sind, machen mehr als die Hälfte von allen abstimmenden Gläubigeransprüchen aus.

Die Festsetzung der Gruppen ist also entscheidend dafür, ob es zur Sanierung durch den Insolvenzplan kommt oder ob er abgelehnt wird. Die genannten Mehrheiten sind allerdings in bestimmten Fällen nicht erforderlich (§ 245 Absatz 1 InsO):

---

[1] Vgl. Institut der Wirtschaftsprüfer: Anforderungen an Insolvenzpläne, FAR 3/1999.
[2] Vgl. Seefelder, G.: Unternehmenssanierung, Stuttgart 2003, S. 179 ff.

- Der Insolvenzplan stellt die Gläubiger der ablehnenden Gruppe(n) nicht schlechter als das durch die Zerschlagung der Fall wäre.
- Die Gläubiger der ablehnenden Gruppe(n) werden angemessen an dem zufließenden wirtschaftlichen Wert beteiligt.
- Die Mehrheit aller Gruppen stimmt dem Insolvenzplan jeweils mit der Mehrheit innerhalb einer einzelnen Gruppe zu. Beispiel:

	Gruppe 1 3 Gläubiger	Gruppe 2 3 Gläubiger	Gruppe 3 2 Gläubiger	Gruppe 4 5 Gläubiger	Ergebnis
Annahme	3	2	2	2	Annahme des Insolvenzplans
Ablehnung	0	1	0	3	

Tab. 3: Annahme des Insolvenzplans durch Zustimmung der Mehrheit der Gruppen
Quelle: Die Verfasserin

Die Gläubiger nehmen einen auf die Unternehmensfortführung ausgerichteten Insolvenzplan generell dann an, wenn sie sich aus den zukünftig erwirtschafteten Erträgen des Unternehmens eine bessere Bedienung ihrer Forderungen als durch die Liquidation versprechen.[1] Der Schuldner hofft darauf, dass die Gläubiger auf einen Teil ihrer Forderungen verzichten, wenn sie im Insolvenzplanverfahren eine höhere Quote erhalten als im Regelverfahren. Dadurch eröffnet sich für ihn die Chance eines wirtschaftlichen Neubeginns.[2]

Nachdem der Insolvenzplan angenommen ist, überprüft das Insolvenzgericht die darin enthaltenen Bewertungen und die Rechtmäßigkeit der Zustimmung der Abstimmungsgruppen. Dies kann je nach Sanierungsfall mit einem erheblichen Zeitaufwand verbunden sein. Je länger die Prüfung dauert, umso kleiner werden aufgrund des bestehenden Zeitdrucks die Sanierungschancen. Hier ist eine gute Vorarbeit des Schuldners bzw. des Insolvenzverwalters gefragt. Denn sind die Bewertungen logisch begründet und über-

---

[1] Vgl. Birker, K.: Insolvenz als akute Krise, in: Birker, K.; Pepels, W. (Hrsg.): Handbuch Krisenbewusstes Management, Berlin 2000, S. 324.
[2] Ebd.

sichtlich dokumentiert, geht die Prüfung des Insolvenzgerichts zügig voran.

Hat das Gericht den Insolvenzplan rechtskräftig bestätigt, werden die festgelegten Regelungen zum Vorteil und zum Nachteil der Beteiligten umgesetzt (§ 254 Abs. 1 InsO) und das Insolvenzverfahren wird aufgehoben.[1] Abb. 17 stellt den beschriebenen Ablauf des Insolvenzplanverfahrens dar:

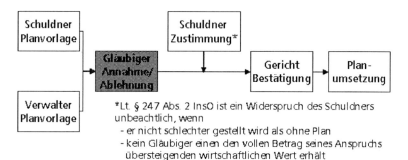

Abb. 17: Insolvenzplanverfahren
Quelle: Die Verfasserin, in Anlehnung an Eidenmüller, H.: Unternehmenssanierung zwischen Markt und Gesetz, Köln 1999, S. 55.

Die Sanierung ist allerdings nur dann erfolgreich, wenn die im Insolvenzplan enthaltenen Sachverhalte auch erfüllt werden. Ein Mittel dazu ist die Überwachung des Plans durch den Insolvenzverwalter. Es kann z.B. im Insolvenzplan festgelegt sein, dass bei Nichteinhaltung bestimmte Sanktionen in Kraft treten oder dass der Unternehmer gewisse Rechtsgeschäfte nur nach Absprache mit dem Insolvenzverwalter durchführen darf. Verzögert sich die Erfüllung des Insolvenzplans erheblich, leben aufgrund von § 255 Abs. 1 InsO Forderungen wieder auf, die von den Gläubigern im Rahmen des Insolvenzplans erlassen oder gestundet wurden.[2]

Die Sanierung im Insolvenzplanverfahren darf aber keinesfalls überschätzt werden. „Eine solche Sanierungsmöglichkeit bietet

---

[1] Vgl. Seefelder, G.: Unternehmenssanierung, Stuttgart 2003, S. 193 ff.
[2] Vgl. Kautzsch, C.: Unternehmenssanierung im Insolvenzverfahren, Lohmar; Köln 2001, S. 249 ff.

nämlich eine so hohe Anzahl an Risiken, Unwägbarkeiten und Tücken, dass der Eintritt in das Insolvenzplanverfahren immer in nicht unerheblichem Maße ein Glücksspiel ist, das der Schuldner nur zum Teil zu seinen Gunsten beeinflussen kann."[1] Diese vorhandenen Gefahren sind in Kapitel 5.5 dargestellt. Nur wenn schon ein Sanierungskonzept vorliegt und eine außergerichtliche Sanierung begonnen wurde, die allerdings einzelne Gläubiger blockierten, kann eine sich anschließende Sanierung im Insolvenzplanverfahren erfolgreich sein. Außerdem sollte dem Insolvenzgericht ein prepackaged plan vorgelegt werden. Je früher die Insolvenzeröffnung erfolgt, umso mehr Finanzmittel sind noch vorhanden, um den Fortbestand des Unternehmens zunächst bis zur Vorlage des Insolvenzplans zu sichern. Deshalb ist es wichtig, schon bei drohender Zahlungsunfähigkeit den Insolvenzantrag zu stellen.[2]

Die Sanierungsexperten aus der Praxis sehen es als einen guten Ansatz an, ein notleidendes Unternehmen in der Insolvenz noch zu sanieren. Trotzdem kommt dies sehr selten vor, viel häufiger ist eine übertragende Sanierung.[3] Die Gründe hierfür sind im folgenden Kapital dargestellt.

5.5 Risiken bei der Sanierung durch Insolvenz

Der Sachverhalt, dass die Gläubigerversammlung zum Zweck der Sanierung den Insolvenzverwalter beauftragt, einen Insolvenzplan zu erstellen, ist nur Theorie und kommt in der Praxis eigentlich nicht vor. Bei kleinen und mittelständischen Unternehmen können die Gläubiger i.d.R. nicht dazu gebracht werden, in der Insolvenz die Sanierung eines Krisenunternehmens zu finanzieren. Dies ist höchstens bei Großunternehmen der Fall, bei denen nicht nur die Banken, sondern auch der Betriebsrat, die Gewerkschaften sowie die Landes- und Bundespolitik an einer Sanierung interessiert sind.[4] Kommt es doch zum Insolvenzplanverfahren, dient die Sanierung in erster Linie dazu, die Ausfälle der Gläubiger zu reduzie-

---

[1] Seefelder, G.: Unternehmenssanierung, Stuttgart 2003, S. 174.
[2] Vgl. Seefelder, G. a.a.O., S. 175.
[3] Vgl. Interview mit Herrn Heitzer, Voba K-N am 10.12.2004, vollständiges Interview siehe Anhang S. 149 ff.
[4] Vgl. Seefelder, G. a.a.O., S. 13.

ren. Die Zerschlagung des Unternehmens steht dem Sanierungsversuch ständig als Alternative gegenüber.

Eine Sanierung in der Insolvenz verspricht nur dann Erfolg, wenn bis zur Fertigstellung des Insolvenzplans die Finanzierung der Unternehmensfortführung gesichert ist. Doch häufig wird gerade wegen Zahlungsunfähigkeit der Insolvenzantrag gestellt. Außerdem sind die Lieferanten in dieser Situation nur noch bereit, gegen Vorauskasse zu liefern und bei Eröffnung des Insolvenzverfahrens droht die Kündigung der Bankdarlehen. Dies führt zu einer zusätzlichen Belastung der Liquidität. Neue Kredite vergibt die Bank - wenn überhaupt - nur nach Vorlage des Insolvenzplans; am dringendsten benötigt das Unternehmen die Mittel aber schon davor.[1] Ein weiterer Nachteil gegenüber einem außergerichtlichen Vergleich sind die anfallenden Kosten des Insolvenzverfahrens, beispielsweise für den Insolvenzverwalter, die Gerichtsgebühren usw. Da die Insolvenz öffentlich bekannt gemacht wird, kann sie zu weitreichenden Imageschäden für das sanierte Unternehmen führen. Die Folge ist ein Rückgang des Umsatzes durch Abwanderung der Kunden.[2]

Erhalten die Mitarbeiter Kenntnis von der Insolvenz, sehen sie sich schnell nach einem neuen Arbeitsplatz um, da ihre Zukunft bei dem Krisenunternehmen äußerst gefährdet ist. Vor allem der Verlust von hochqualifiziertem Personal mit speziellem Know-how erschwert zusätzlich die Fortführung des sanierungsbedürftigen Unternehmens.[3]

---

[1] Vgl. Seefelder, G.: Unternehmenssanierung, Stuttgart 2003, S. 175 f.
[2] Vgl. Buth A.; Hermanns, M.: Finanzwirtschaftliche Aspekte der Fortführung von Krisenunternehmen, in: Buth, A.; Hermanns, M. (Hrsg.): Restrukturierung, Sanierung, Insolvenz, München 1998, S. 237.
[3] Vgl. Seefelder, G. a.a.O., S. 178.

6 Einbeziehung von Fortführungsgesellschaften

In diesem Kapitel wird beschrieben, wie Gesellschaften Dritter versuchen, das bisherige Krisenunternehmen oder zumindest dessen Geschäftsbetrieb zu retten. Sie werden als Fortführungsgesellschaften bezeichnet. Neben anderen Zielen haben sie hauptsächlich den Zweck, das notleidende Unternehmen zu erhalten. Um eine erfolgreiche Sanierung durchzuführen, ist es oft notwendig, die bisherige Rechtsform des Unternehmens aufzugeben und das Unternehmen auf einen neuen Rechtsträger zu übertragen.[1] Abb. 18 zeigt die verschiedenen Möglichkeiten, die für Fortführungsgesellschaften in Betracht kommen:

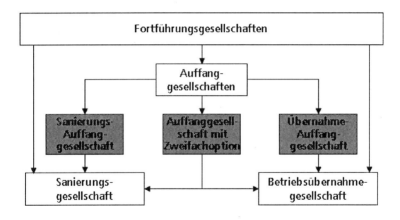

Abb. 18: Arten der Fortführungsgesellschaften
Quelle: Groß, P.: Sanierung durch Fortführungsgesellschaften, 2. Aufl., Köln 1988, S. 135.

➢ Sanierungsgesellschaft:
Eine Sanierungsgesellschaft bringt neues Haftungskapital durch Übernahme neuer oder schon vorhandener Gesellschaftsanteile zur Abwehr einer Insolvenz in ein Krisenunternehmen ein. Der Grund für eine solchen Beteiligung kann z.B. in einer Kooperationsabsicht liegen, aus der sich gewisse Vorteile ergeben, wie die horizontale oder vertikale Ausdehnung der Geschäftsbereiche

---

[1] Vgl. Groß, P.: Sanierung durch Fortführungsgesellschaften, 2. Aufl., Köln 1988, S. 132.

und der Zugang zu neuen Technologien. Auch eine käufliche Übernahme des Krisenunternehmens durch die Sanierungsgesellschaft ist möglich.[1] Falls die Sanierungsgesellschaft als zusätzlicher Gesellschafter auftritt, entsteht eine neue Gesellschafterstruktur. Das notleidende Unternehmen kann einerseits seine Rechtsidentität behalten. Ohne Umwandlung der Rechtsform liegt die Sanierungsgesellschaft dann vor, wenn Gesellschafter Einlagen in der Höhe leisten, dass dies einer Neugründung entsprechen würde. Bei der AG zeichnet der Dritte entweder eine Kapitalerhöhung oder erwirbt ein Minder- oder Mehrheitsaktienpaket.

Doch andererseits ist es häufig notwendig, die Rechtsform des sanierungsbedürftigen Unternehmens (im Zuge einer Umwandlung) zu ändern. Bei der Wahl der Rechtsform sind alle Kapital- und Personengesellschaften möglich. Beispiel: Will eine Sanierungsgesellschaft für eine OHG nur in Höhe des eingebrachten Kapitals haften, muss die OHG in eine GmbH umgewandelt werden. Die schon vorhandenen oder neue Gesellschafter bilden (evtl. auch zusammen) eine Sanierungsgesellschaft.[2]

Die Übernahme der Gesellschaftsanteile kann auch durch Sanierungsfusion erfolgen, bei der das notleidende Unternehmen mit einer anderen Gesellschaft verschmilzt. Entweder wird ein komplett neues Unternehmen gegründet oder das Vermögen des Krisenunternehmens geht auf die gesunde Gesellschaft über. Dies ist sowohl für Kapitalgesellschaften als auch für Personengesellschaften möglich. Die Gläubiger des Krisenunternehmens werden somit Gläubiger des neuen Rechtsträgers, wodurch sich ihre Position i.d.R. verbessert.[3] Vor der Fusion muss eine Unterbilanz bzw. Überschuldung durch die in Kapitel 4 dargestellten Sanierungsmaßnahmen beseitigt werden, an die sich vor der Verschmelzung evtl. eine Kapitalerhöhung anschließt, siehe Abb. 19:

---

[1] Vgl. Böckenförde, B.: Unternehmenssanierung, Stuttgart 1991, S. 177.
[2] Vgl. Räss, H.: Die Restrukturierung von Unternehmen aus Sicht der kreditgebenden Bank, 3. Aufl., Bern; Stuttgart; Wien 1993, S. 138.
[3] Vgl. Groß, P.: Sanierung durch Fortführungsgesellschaften, 2. Aufl., Köln 1988, S. 335 ff.

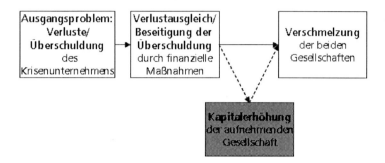

Abb. 19: Voraussetzungen für die Sanierungsfusion
Quelle: Die Verfasserin, in Anlehnung an Groß, P.: Sanierung durch Fortführungsgesellschaften, 2. Aufl., Köln 1988, S. 337.

Die Chancen und Risiken des Krisenunternehmens bleiben bei allen dargestellten Sanierungsgesellschaften beim neuen Rechtsträger bestehen. Alle Verpflichtungen und damit alle Schulden gehen auf den neuen Rechtsträger über. Ein Nachteil ist, dass somit die krisenverursachenden Faktoren nicht beseitigt werden, jedoch sind keine großen Umstellungen im Geschäftsbetrieb erforderlich und dadurch erregt die Sanierung kein öffentliches Aufsehen.[1]

> Betriebsübernahmegesellschaft:
Betriebsübernahmegesellschaften kaufen i.d.R. den Betrieb oder das Leistungsangebot des Krisenunternehmens mit dem Ziel, das Sanierungskonzept umzusetzen. Die Schulden übernimmt der neue Rechtsträger im Gegensatz zur Sanierungsgesellschaft nicht.[2] Der Kaufpreis dient dazu, die Forderungen der Gläubiger zu bedienen. Die Mitarbeiter des sanierungsbedürftigen Unternehmens müssen jedoch übernommen werden (§ 613a BGB).[3]

---

[1] Vgl. Fechner, D.: Praxis der Unternehmenssanierung, Neuwied; Kriftel 1999, S. 211 ff.
[2] Vgl. Jobsky, T.: Mergers & Acquisition bei Restrukturierung/Sanierung, in: Buth, A.; Hermanns, M. (Hrsg.): Restrukturierung, Sanierung, Insolvenz, München 1998, S. 348.
[3] Vgl. Fechner, D. a.a.O., S. 211 ff.

Diese übertragende Sanierung ist ein Sanierungsinstrument, das besonders in der Insolvenz häufig vorkommt, da für den Investor vor der Insolvenz Haftungsgefahren bestehen. Beispielsweise haftet ein Käufer für die Steuerschulden des notleidenden Unternehmens. Diese Haftung fällt nach der Eröffnung des Insolvenzverfahrens weg.[1] Im Rahmen einer Befragung von 52 insolventen Unternehmen aus verschiedenen Branchen innerhalb des gesamten Bundesgebietes wurde in 88% der Fälle eine übertragende Sanierung durchgeführt.[2] Sowohl im Insolvenzplanverfahren als auch im Regelverfahren kann vorgesehen werden, dass das Unternehmen oder ein Teil davon im Rahmen der übertragenden Sanierung auf einen neuen Rechtsträger übergeht. Dies ist besonders dann sinnvoll, wenn das sanierungsbedürftige Unternehmen alleine keine ausreichende Liquidität mehr beschaffen kann, um seinen Geschäftsbetrieb fortzuführen. Den Verkauf führt in den meisten Fällen der Insolvenzverwalter durch.[3] Hierfür muss er die Zustimmung des Gläubigerausschusses einholen (§ 160 Abs. 2 Nr. 1 InsO). Dadurch lässt sich verhindern, dass das Unternehmen oder die zu veräußernden Teile unter ihrem Wert verkauft werden.[4] Der Erwerber übernimmt auch in der Insolvenz nicht die bestehenden Verbindlichkeiten, sondern der Kaufpreis geht in die Insolvenzmasse ein und wird somit zur Bedienung der Gläubiger verwendet. In der Praxis sind die Käufer in der Insolvenz häufig die bisherigen Eigentümer oder Gesellschafter. Sie kennen den Markt, das Unternehmen selbst und damit das Risiko, das sie mit dem Kauf eingehen, sehr genau. Einerseits sind sie dadurch in der Lage, das Unternehmen schnell wieder auf Erfolgskurs zu steuern. Andererseits haben sie aber die Krisensituation bisher nicht in den Griff bekommen.[5]

---

[1] Vgl. Buchalik, R.: Restrukturierungs-/Sanierungsmöglichkeiten aus der Sicht der finanzierenden Bank, in: Buth, A.; Hermanns, M. (Hrsg.): Restrukturierung, Sanierung, Insolvenz, München 1998, S. 41.
[2] Vgl. Dr. Wieselhuber & Partner GmbH: Insolvenzen in Deutschland, München 2003, S. 36.
[3] Vgl. Dr. Wieselhuber & Partner GmbH a.a.O., S. 9.
[4] Vgl. Kautzsch, C.: Unternehmenssanierung im Insolvenzverfahren, Lohmar; Köln 2001, S. 167.
[5] Vgl. Kautzsch, C. a.a.O., S. 145 ff.

Ein Vorteil der übertragenden Sanierung besteht im Gegensatz zur Sanierung im Rahmen des Insolvenzplanverfahrens ohne Veräußerung darin, dass das neue Unternehmen nicht mehr durch die negativen Entwicklungen in der Vergangenheit belastet ist und hierfür Abschläge bei der Bewertung der zukünftigen Entwicklung zu Lasten der Gläubiger wegfallen. Außerdem ist es für den neuen Rechtsträger einfacher als für ein saniertes Unternehmen, nach überstandener Krise weitere Kredite aufzunehmen. Denn hier ist nicht zu befürchten, dass sich nach einiger Zeit die Krise erneut bemerkbar macht.

Eine Beeinträchtigung bei der übertragenden Sanierung ist allerdings, dass vorhandene Verlustvorträge des Krisenunternehmens nicht übernommen werden können. Dieser Nachteil wird dann abgeschwächt, wenn der Verlustvortrag durch Sanierungsgewinne schon ganz oder beinahe aufgebraucht ist. Zu berücksichtigen ist auch, dass beim Übergang auf einen neuen Rechtsträger hohe Transaktionskosten anfallen. Beispiele hierfür sind die Kosten für die notarielle Beurkundung der Übereignung von Grundstücken und die Grunderwerbsteuer. Bei Firmenfahrzeugen ist eine Umschreibung der Fahrzeugpapiere auf den neuen Eigentümer notwendig. Es können hohe Versicherungskosten anfallen, falls Schadenfreiheitsrabatte nicht ohne weiteres übertragbar sind.[1]

Beispielsweise wurde im Oktober 2004 der gesamte Geschäftsbetrieb der Tochtergesellschaft 1. skally Zollrechenzentrum GmbH der insolventen Bochumer GLI-MICRAM AG von der neu gegründeten Betriebsübernahmegesellschaft skally - Gesellschaft für Logistik- und Informationssysteme mbH übernommen. Sie ist für die Entwicklung, den Verkauf und den Rechenzentrumsbetrieb elektronischer Zoll- und Versandabwicklungslösungen zuständig.[2]

---

[1] Vgl. Seefelder, G.: Unternehmenssanierung, Stuttgart 2003, S. 198 ff.
[2] Vgl. o.V., 2004 online: GLI-MICRAM AG und dbh AG kooperieren zur Fortführung der ATLAS-Lösungen skally und Vera/Zolas. URL:
http://www.presselounge.de/index.php?loadSite=pressefaecher&fach=19

Eine Begründung dafür, dass sowohl Sanierungs- als auch Betriebsübernahmegesellschaften außerhalb der Insolvenz häufig von Privatpersonen, Hauptaktionären, Konkurrenten und Kunden des notleidenden Unternehmens und weniger von Geschäftsführern oder Mitarbeitern gebildet werden ist, dass gerade diese Personen an der eingetretenen Krisensituation eng beteiligt waren.[1]

➢ Auffanggesellschaft:
Anders als bei den Sanierungs- und Betriebsübernahmegesellschaften bestehen Auffanggesellschaften nur für einen begrenzten Zeitraum, während dem sie den Betrieb des notleidenden Unternehmens treuhänderisch oder pachtweise weiterführen. Die gesamten Verbindlichkeiten verbleiben aber beim Krisenunternehmen. Eine Übernahme-Auffanggesellschaft hat das Ziel, den Geschäftsbetrieb oder spezielle Funktionen eines Unternehmens, das sich in einer Krisenlage befindet, zu übernehmen. Mit dem Erwerb geht sie in eine Betriebsübernahmegesellschaft über.

Eine Sanierungs-Auffanggesellschaft kann ein Krisenunternehmen durch zusätzliche Kapitalbeteiligung unterstützen. Sie leistet Sanierungsbeiträge aber auch dadurch, dass sie die anstehenden Verbindlichkeiten des notleidenden Unternehmens erbringt oder zu erfüllen hilft. Die Sanierungs-Auffanggesellschaft ist nach Abschluss der finanziellen Sanierung beendet oder sie geht, falls sie eine Beteiligung übernimmt, in eine Sanierungsgesellschaft über.

Will ein Sanierungsträger erst prüfen, ob er eine Sanierungs- oder eine Betriebsübernahmegesellschaft gründet, kann in der Zwischenzeit eine sogenannte Auffanggesellschaft mit Zweifachoption bestehen. Sie führt das notleidende Unternehmen fort. Je nach Entscheidung geht die Auffanggesellschaft dann in eine Sanierungs- oder Betriebsübernahmegesellschaft über. Ziel einer Auffanggesellschaft ist es, den Zusammenbruch des Krisenunternehmens zu verhindern, ohne dass seine Verpflichtun-

---

[1] Vgl. Schäfer, H.: Unternehmensfinanzen, 2. Aufl., Heidelberg 2002, S. 268.

gen vollständig von der Auffanggesellschaft übernommen werden und ohne dass sie einen Kaufpreis zahlt. Doch gerade dadurch besteht aus Sicht der anderen Sanierungsbeteiligten die Gefahr, dass sich die Auffanggesellschaft zurückzieht, falls die Sanierung nicht den gewünschten Erfolg bringt.[1]

Wenn die Sanierung erfolgreich abgeschlossen ist, verliert die Fortführungsgesellschaft ihre Bedeutung.

Bei einem Sanierungsfall können mehrere Arten von Fortführungsgesellschaften in Erscheinung treten. Möglich ist auch, dass z.B. mehrere voneinander unabhängige Betriebsübernahmegesellschaften unterschiedliche Teile eines notleidenden Unternehmens erwerben.[2]

In frühen Krisenphasen kommen am häufigsten Sanierungsgesellschaften in Betracht. Erst wenn ein Unternehmer nicht mehr in der Lage ist, zu einer Überwindung der Krise selbst beizutragen, wird es erforderlich, eine Betriebsübernahme- oder Auffanggesellschaft einzuschalten. Eine Betriebsübernahmegesellschaft ist vor allem dann sinnvoll, wenn ein Krisenunternehmen mehrere Betriebe hat und den unrentabelsten verkaufen will. So kann es mit dem Erlös seine Finanzlage verbessern und das Unternehmen fortführen, ohne durch den Einfluss neuer Gesellschafter eingeschränkt zu sein.[3]

Grundsätzlich gilt: Die Suche nach einem neuen Investor vor oder in der Insolvenz darf nicht als Alternative zu den in Kapitel 4 und 5 genannten Sanierungsmaßnahmen gesehen werden, sondern sie muss parallel dazu ablaufen. Denn ein Dritter ist nur bereit, in ein notleidendes Unternehmen zu investieren, falls die Aussicht auf ei-

---

[1] Vgl. Hermanns, M.: Gesellschaftsrechtliche Aspekte bei der Fortführung von Krisenunternehmen, in: Buth, A.; Hermanns, M. (Hrsg.): Restrukturierung, Sanierung, Insolvenz, München 1998, S. 252 f.
[2] Vgl. Groß, P.: Sanierung durch Fortführungsgesellschaften, 2. Aufl., Köln 1988, S. 137.
[3] Vgl. Groß, P. a.a.O., S. 256 ff.

ne erfolgversprechende Sanierung besteht und diese schon in die Wege geleitetet ist.[1]

---

[1] Vgl. Buchalik, R.: Restrukturierungs-/Sanierungsmöglichkeiten aus der Sicht der finanzierenden Bank, in: Buth, A.; Hermanns, M. (Hrsg.): Restrukturierung, Sanierung, Insolvenz, München 1998, S. 25.

7 Schlussbemerkung

In dieser Arbeit wird aufgezeigt, wie eine Krisensituation beseitigt und die Insolvenz abgewendet oder erfolgreich überwunden werden kann. Sie gibt einen umfassenden Überblick über die verschiedenen in der Praxis angewendeten finanziellen Sanierungsmaßnahmen. Eine abschließende Zusammenfassung ist in Tab. 4 auf den Seiten 123 ff. dargestellt. Sie zeigt, ob sich die einzelnen Sanierungsbeiträge als Sofortmaßnahme eignen, wie sie sich auf die Liquidität, die Überschuldung, eine vorhandene Unterbilanz sowie den Erfolg auswirken, wer sich außer dem sanierungsbedürftigen Unternehmen daran beteiligt und in welcher Krisensituation ihr Einsatz gefragt ist. Die Tabelle bezieht sich auf den Zeitpunkt der Durchführung der Maßnahmen. Sie beschreibt die Effekte der Beiträge an sich, wobei deren längerfristige Folgen aber immer die gesamte Situation nachhaltig verbessern sollen.

	Kapitalerhöhung bei			Kapitalherabsetzung
	Einzeluntern.	Personenges.	Kapitalges.	
Eignung als Sofortmaßnahme	ja	ja	nein	nein
Auswirkung auf Liquidität	Zufluss		(nicht bei Sacheinlage)	nein
Auswirkung auf Überschuldung	Verringerung			nein (außer bei entgeltlicher Einziehung von Aktien)
Auswirkung auf Erfolg	nein		(außer bei Nachschuss)	positiv
Anwendung durch	Inhaber	Dritte/Gesellschafter		Gesell-schafter
Krisensituation	Liquiditätskrise			Erfolgskrise
Beseitigung Unterbilanz	ja		nein	ja

	Auflösung von Rücklagen	Aufnahme von Gesellschafterdarlehen	Nutzungsüberlassung	Veräußerung von nicht betriebsnotwendigem Vermögen
Eignung als Sofortmaßnahme	ja	ja	ja	ja
Auswirkung auf Liquidität	nein	Zufluss	Entlastung	Zufluss
Auswirkung auf Überschuldung	nein	nein (aber rechtlich umstritten)	nein	nein (Annahme: VP = ZW)
Auswirkung auf Erfolg	positiv	nein	positiv	VP>BW: positiv VP=BW: nein VP<BW: negativ
Anwendung durch	Gesellschafter	Gesellschafter	Gesellschafter/Inhaber	Geschäftsführung
Krisensituation	Erfolgskrise	Liquiditätskrise	Liquiditäts- und Erfolgskrise	Liquiditätskrise evtl. auch Erfolgskrise
Beseitigung Unterbilanz	ja		nein	ja (falls VP>BW)

Abkürzungen: BW = Buchwert; VP = Verkaufspreis; ZW = Zeitwert, der bei der Berechnung der Überschuldung angesetzt wird

Schlussbemerkung

	Sale-and-lease-back	Factoring	Stillhalten	Stundung
Eignung als Sofortmaßnahme	ja	ja	ja	ja
Auswirkung auf Liquidität	Zufluss	Zufluss	Entlastung	Entlastung
Auswirkung auf Überschuldung	nein (Annahme: VP=ZW)	nein	nein	nein
Auswirkung auf Erfolg	VP>BW: positiv VP=BW: nein VP<BW: negativ (Leasingrate: negativ)	nein	nein	nein
Anwendung durch	Geschäftsführung	Geschäftsführung	alle Gläubiger	alle Gläubiger
Krisensituation	Liquiditätskrise	Liquiditätskrise	Liquiditäts- und Erfoglskrise	Liquiditätskrise
Beseitigung Unterbilanz	ja (falls VP>BW)	nein	nein	nein

Abkürzungen: BW = Buchwert; VP = Verkaufspreis; ZW = Zeitwert, der bei der Berechnung der Überschuldung angesetzt wird

	Umschuldung	Forderungsverzicht	Tausch/Freigabe von Sicherheiten und Verkauf der freien Sicherheiten	Rangrück-tritt
Eignung als Sofortmaßnahme	ja	ja	ja	ja
Auswirkung auf Liquidität	Entlastung	Entlastung	Zufluss	nein
Auswirkung auf Überschuldung	nein	Verringerung	nein (Annahme: VP=ZW)	Verringerung
Auswirkung auf Erfolg	positiv (wegen evtl. Zinsersparnis)	positiv	VP>BW: positiv VP=BW: nein VP<BW: negativ	nein
Anwendung durch	alle Gläubiger	alle Gläubiger	Gesellschafter Banken Lieferanten	Gesellschafter Banken
Krisensituation	Liquiditäts- und Erfolgskrise	Liquiditäts- und Erfolgskrise	Liquiditätskrise evtl. auch Erfolgskrise	Liquiditäts- und Erfolgskrise
Beseitigung Unterbilanz	nein	ja	ja (falls VP>BW)	nein

Abkürzungen: BW = Buchwert; VP = Verkaufspreis; ZW = Zeitwert, der bei der Berechnung der Überschuldung angesetzt wird

Schlussbemerkung

	Sanierungsgesellschaft		Betriebs-übernahme-gesellschaft	Auffang-gesellschaft
	Personen-gesellschaft	Kapital-gesellschaft		
Eignung als Sofortmaßnahme	ja	nein	nein	nein
Auswirkung auf Liquidität	Zufluss		Zufluss	Entlastung (falls Übernahme von Verbindl.)
Auswirkung auf Überschuldung	Verringerung		nein (Annahme: VP=ZW)	Verringerung (falls Übernahme von Verbindl.)
Auswirkung auf Erfolg	nein		VP>BW: positiv VP=BW: nein VP<BW: negativ	positiv (falls Über- nahme von Verbindl.)
Anwendung durch	Dritte Kunden Lieferanten	Dritte Geschäfts-führer Gesell-schafter Kunden Lieferanten	Dritte Geschäfts-führer Gesell-schafter Kunden Lieferanten	Dritte Geschäfts-führer Gesell-schafter Kunden Lieferanten
Krisensituation	Liquiditätskrise		Liquiditäts- und Erfolgskrise	Liquiditäts- und Erfolgskrise
Beseitigung Unterbilanz	abhängig von der Art der Sanierungsgesellschaft		ja (falls VP>BW)	ja (falls Über- nahme von Verbindl.)
Abkürzungen: BW = Buchwert; VP = Verkaufspreis; ZW = Zeitwert, der bei der Berechnung der Überschuldung angesetzt wird			

	Bereitstellung von Neukrediten	Dept-Equity-Swap	Finanzierung Dritter	Anzahlungen durch Kunden
Eignung als Sofortmaßnahme	ja	nein	nein	ja
Auswirkung auf Liquidität	Zufluss	Entlastung	Zufluss	Zufluss
Auswirkung auf Überschuldung	nein	Verringerung	Verringerung bei anschl. Beteiligung	nein
Auswirkung auf Erfolg	nein	positiv	nein	nein
Anwendung durch	Banken Lieferanten	Banken Lieferanten	Banken	Kunden
Krisensituation	Liquiditätskrise	Liquiditäts- und Erfolgskrise	Liquiditätskrise	Liquiditätskrise
Beseitigung Unterbilanz	nein	ja	nein	nein

Tab. 4: Zusammenfassende Bewertung der Sanierungsmaßnahmen
Quelle: Die Verfasserin

Generell kann die Unternehmensführung Gläubiger und Dritte nur durch die Vorlage eines plausiblen Sanierungskonzepts dazu veranlassen, an der Gesundung des Unternehmens mitzuwirken. Für seine Erstellung ist es wichtig, die Krisenlage genau zu analysieren sowie Wege und Chancen einer erfolgreichen Sanierung aufzuzeigen.

Je nach Unternehmenssituation haben die beschriebenen Einzelmaßnahmen unterschiedliche Bedeutung und werden zu speziell auf die jeweilige Krise zugeschnittenen Maßnahmenpakete zusammengefasst. Beispiel: Nach einer Kapitalherabsetzung zur Beseitigung des Verlustes und einer Liquiditätszufuhr mit Hilfe einer anschließenden Kapitalerhöhung durch die Gesellschafter kann die Bank neben einer Stundung auf ihre Forderungen teilweise verzichten und dazu einen Besserungsschein vereinbaren. So ist es dem Krisenunternehmen möglich, einen Teil seiner Verbindlichkeiten zu einem späteren Zeitpunkt in niedrigeren Raten zu begleichen und den Rest erst, nachdem es wirtschaftlich wieder in der Lage hierfür ist.[1]

Hat sich die Überschuldung und/oder die Zahlungsunfähigkeit schon eingestellt, können aufgrund der 3-Wochen-Frist zur Insolvenzanmeldung nur noch kurzfristige Sanierungsmaßnahmen eingeleitet werden. Hier kommen i.d.R. die unternehmensinternen Möglichkeiten und die Beiträge der Kreditinstitute in Frage. Denn vor allem bei Lieferanten ist es aufgrund ihrer Vielzahl schwierig, schnell durchgreifende Maßnahmen zu organisieren und Verzichte einzelner Lieferanten haben oft ein zu geringes Volumen, um die Insolvenzgründe zu beseitigen.[2] Kunden für Sanierungsbeiträge zu gewinnen, sollte die Unternehmensleitung aufgrund der sich dann langfristig ergebenden Imageschäden sorgfältig abwägen. Fraglich ist außerdem, ob sich eine Finanzbehörde an der Sanierung beteiligt. Somit nehmen die Banken eine Schlüsselstellung ein. Ohne ihre Mitwirkung ist es schwierig, eine erfolgreiche Sanierung durchzuführen.

Sind mehrere Gläubigerbanken von einem Sanierungsfall betroffen, kann es zweckmäßig sein, dass diese sich zu einem Pool zusammenschließen und evtl. noch weitere Gläubiger in den Pool einbeziehen. Sinnvoll ist es, zunächst ein Stillhalteabkommen zu vereinbaren. Neben der Gewährung neuer Kredite können die schon bestehenden Bankforderungen an die Krisensituation angepasst und Sicherheiten für Sanierungszwecke herangezogen werden. Auch die Umwandlung von Bankforderungen in Beteiligungen ist eine effiziente Maßnahme, die allerdings mit erheblichen Haftungsrisiken der Kreditinstitute verbunden sein kann. Doch trotzdem wird es in Zukunft einer KPMG-Studie zufolge mehr Forderungsumwandlungen geben und die Zahl der Forderungsverzichte dürfte sich ebenfalls erhöhen[3]. Der Grund hierfür liegt wohl darin, dass diese Maßnahmen die größte Effizienz im Rahmen der Sanierung aufweisen, da sie eine Unterbilanz sowie eine Über-

---

[1] Vgl. Fechner, D.: Praxis der Unternehmenssanierung, Neuwied; Kriftel 1999, S. 205.
[2] Vgl. Harz, M.; Hub, H.; Schlarb, E.: Sanierungsmanagement, 2. Aufl., Stuttgart 1999, S. 305.
[3] Vgl. KPMG: Kreditinstitute und Unternehmenskrisen, Berlin; Leipzig 2002, S. 6.

schuldung beseitigen, die Liquidität entlasten und zudem Verluste reduzieren.

Aufgrund der dargestellten Risiken sollte eine Sanierung in der Insolvenz erst versucht werden, wenn sich das Insolvenzverfahren als unumgänglich herausstellt. Aber dann ist es wichtig, mit der Insolvenzanmeldung nicht zu zögern und schnellstens einen Insolvenzplan zu erarbeiten. Denn in diesem Fall bestehen aufgrund der mit der Insolvenz verbundenen Entlastungen noch die größten Chancen für eine Überwindung der Krisensituation.

Parallel zur Durchführung der in Kapitel 4 genannten Sanierungsmaßnahmen sollte die Unternehmensführung sowohl im als auch außerhalb des Insolvenzverfahrens ständig die Sanierung durch eine Fortführungsgesellschaft in Betracht ziehen. Denn die Lage kann sich so verändern, dass die Finanzkraft eines außenstehenden Investors notwendig wird, der dann den entscheidenden Beitrag zur Sanierung liefert und evtl. sogar das ganze Unternehmen oder Unternehmensteile übernimmt. Vor allem im Insolvenzverfahren ist die übertragende Sanierung ein bedeutendes Instrument.

Generell gilt: Auch wenn in Krisensituationen häufig ein großer Zeitdruck besteht, ist es wichtig, das Vorgehen gewissenhaft zu planen und bei den Entscheidungen alle beschriebenen Haftungskonsequenzen, Vorteile und Nachteile sorgfältig abzuwägen. Das trifft sowohl für den Gesellschafter des Krisenunternehmens selbst als auch für in die Sanierung einbezogene dritte Beteiligte zu.[1]

Wann schließlich eine Sanierung erfolgreich abgeschlossen ist, hängt von der einzelnen Situation ab. Auf jeden Fall muss die Überschuldung beseitigt und eine anhaltende Kapitaldienstfähigkeit vorhanden sein, damit den laufenden Verpflichtungen wieder nachgekommen werden kann.[2] Bei den Kreditinstituten kommt es auch auf die Bilanzrelationen an.

---

[1] Vgl. Birker, K.: Krisenbewältigung - Sanierung, Gesundung des Unternehmens, in: Birker, K.; Pepels, W. (Hrsg.): Handbuch Krisenbewusstes Management, Berlin 2000, S. 339.
[2] Vgl. Interview mit Herrn Heitzer, Voba K-N am 10.12.2004, vollständiges Interview siehe Anhang S. 149 ff.

Schlussbemerkung

Zu berücksichtigen ist, dass eine Sanierung nach MaK nicht mehr als 3 Jahre dauern darf. I.d.R. findet sie innerhalb eines Zeitraums von 1 bis 2 Jahren statt.[1]

Die Beschäftigung mit dem Thema der finanziellen Unternehmenssanierung zeigt, dass es in einer Krisensituation und selbst noch in der Insolvenz Möglichkeiten zur Bekämpfung der Lage gibt. Es muss nur gehandelt werden, denn: „Wer heute den Kopf in den Sand steckt, wird morgen mit den Zähnen knirschen" (Zitat von Franz Fischer).[2]

---

[1] Vgl. Interview mit Herrn Heitzer, Voba K-N am 10.12.2004, vollständiges Interview siehe Anhang S. 149 ff.
[2] Grospietsch, H.-D.: Kommunikations-Seminare, KoDiTex

Anhang

Anlagenverzeichnis

Anlage	Titel	Seite
1:	Anwendungshäufigkeit einzelner Sanierungsmaßnahmen der Kreditinstitute	134
2:	Auszug aus einem Stillhalteabkommen	136
3:	Auszug aus einem Poolvertrag zwischen Banken	139
4:	Beispiel zum Saldenausgleich	145
5:	Auszug aus einer Rangrücktrittserklärung	147
6:	Beispiel für Verlustvortrag bzw. Steuererlass	148
7:	Interview am 10. Dezember 2004 mit Herrn Ulrich Heitzer von der Volksbank Kirchheim-Nürtingen eG	149

Anlage 1: Anwendungshäufigkeit einzelner Sanierungsmaßnahmen der Kreditinstitute

Im Rahmen einer Studie von KPMG wurde in Zusammenarbeit mit dem Lehrstuhl für Bankwesen der Universität Leipzig die Anwendungshäufigkeit einzelner Sanierungsmaßnahmen ermittelt. Die Befragung von vorwiegend Sparkassen und Genossenschaftsbanken fand im Zeitraum Herbst 2001 bis Frühjahr 2002 statt.[1]

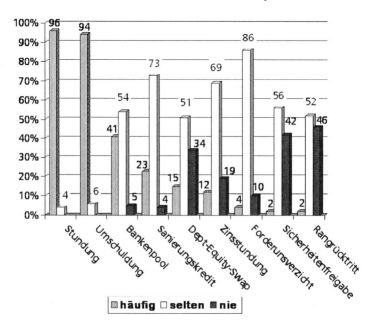

Abb. 20: Anwendungshäufigkeit von Sanierungsmaßnahmen
Quelle: Die Verfasserin, in Anlehnung an: KPMG: Kreditinstitute und Unternehmenskrisen, Berlin; Leipzig 2002, S. 19 f.

Die Ergebnisse dieser Umfrage zeigen:
> Stillhalten und das Optimieren der Fälligkeitsstrukturen (Stundung und Umschuldung) werden als deutlich wichtigste Maßnahmen gesehen.
> Die Bereitschaft zur Umwandlung von Forderungen in Eigenkapital ist nur bei wenigen Kreditinstituten vorhanden.

---

[1] Vgl. KPMG: Kreditinstitute und Unternehmenskrisen, Berlin; Leipzig 2002, S. 6.

➢ Für fast die Hälfte der Banken kommt eine Freigabe von Sicherheiten oder ein Rangrücktritt als Sanierungsbeitrag überhaupt nicht in Betracht. Auch die restlichen Kreditinstitute wenden diese Maßnahmen äußerst zurückhaltend an.
➢ Ein Forderungsverzicht wird nur selten eingesetzt.

Anlage 2: Auszug aus einem Stillhalteabkommen[1]

„...

1. Bar-, Aval-, Diskont- und Akzeptkredite

a) Die Kreditinstitute, die am Prolongationsstichtag Barkredite oder Kreditlinien zugesagt oder eingeräumt haben, verpflichten sich, diese unabhängig von den bisher vereinbarten Laufzeiten bis zur Beendigung der Prolongationsvereinbarung offen zu halten bzw. zu verlängern oder neu einzuräumen. Dies gilt für Aval-, Diskont- oder Akzeptkreditlinien nur insoweit, als sich diese Kredite durch Nichtinanspruchnahme des Avals bzw. Zahlung des Wechselverpflichteten erledigt haben.
b) Bei gesicherten Krediten bleibt die Kreditnehmerin zur Zahlung der vereinbarten Tilgungsleistungen verpflichtet.
c) Prolongationsstichtag ist der _____.

...

5. Saldenausgleich

a) Die Kreditnehmerin wird dafür Sorge tragen, dass die Kredite möglichst proratarisch entsprechend den in die Prolongationsvereinbarung einbezogenen Krediten/Kreditlinien und sonstigen Forderungen am Prolongationsstichtag in Anspruch genommen werden.
b) Bei Beendigung dieser Prolongationsvereinbarung - außer durch Zeitablauf - findet zwischen den Kreditinstituten ein Saldenausgleich zum Ausgleichsstichtag statt. Ausgleichsstichtag ist der Tag, an dem die Prolongationsvereinbarung endet.
c) Die Kreditinstitute verpflichten sich, ihre am Ausgleichsstichtag bestehenden Forderungen aus Kreditinanspruchnahmen oder aus Finanztermingeschäften nach Verrechnung eventueller Guthaben der Kreditnehmerin und Verwertung bestehender Sicherheiten durch Ausgleichszahlungen auszugleichen, so dass bei den jeweiligen Kreditinstituten Kreditinanspruchnahmen und Forderungen aus Finanztermingeschäften im Verhältnis der von ihnen jeweils zu tragenden Quoten bestehen.

---

[1] Obermüller, M.: Insolvenzrecht in der Bankpraxis, 6. Aufl., Köln 2002, S. 704 ff.

d) Die von jedem Kreditinstitut zu tragende Quote ergibt sich aus dem Verhältnis
- seines jeweiligen Prolongationsvolumens am Prolongationsstichtag abzüglich des am Prolongationsstichtag ihm für sein Prolongationsvolumen zur Verfügung stehenden Sicherheitenwertes und abzüglich der nach der Prolongationsvereinbarung zugelassenen dauerhaften Tilgungen bis zum Ausgleichsstichtag

zu
- dem Gesamtprolongationsvolumen aller Kreditinstitute am Prolongationsstichtag abzüglich des gesamten am Prolongationsstichtag für das Gesamtprolongationsvolumen zur Verfügung stehenden Sicherheitenwertes und abzüglich aller nach der Prolongationsvereinbarung zugelassenen dauerhaften Tilgungen bis zum Ausgleichsstichtag.

e) Für die Durchführung des Saldenausgleichs gelten Forderungen aus Aval- und Akzeptkrediten nur insoweit als Inanspruchnahmen, als seitens des Kreditinstituts Zahlungen auf Grund der Avale bzw. Akzepte geleistet worden sind. Die Höhe der Forderung aus einem Finanztermingeschäft ergibt sich aus dem Mark-to-Market-Wert.

f) Wenn und soweit nach dem Saldenausgleich auf übernommene Avale oder Akzepte Zahlungen geleistet, weitere Erlöse aus Sicherheiten erzielt oder Zahlungen von der Kreditnehmerin geleistet werden, wird die auf jedes Kreditinstitut entfallende Quote nach den Regelungen von Abs. d) neu berechnet. In der Zwischenzeit weiter angefallene Zinsen bleiben hierbei unberücksichtigt.

g) Soweit der vorgenannte Saldenausgleich aus Rechtsgründen nicht mit Wirkung gegenüber der Kreditnehmerin oder gegenüber Dritten vorgenommen werden kann, sind die Kreditinstitute im Innenverhältnis zur Herbeiführung des gleichen Ergebnisses verpflichtet.

6. Beendigung der Prolongationsvereinbarung

a) Die Prolongationsvereinbarung endet am _____.

b) Die Prolongationsvereinbarung endet schon vor diesem Tage, wenn die Kreditnehmerin Insolvenzantrag stellt oder wenn ein Insolvenzverfahren über ihr Vermögen eröffnet oder mangels Masse abgelehnt wird.

c) Diese Prolongationsvereinbarung kann bei Vorliegen eines der nachstehend genannten Kündigungsgründe mit Wirkung für alle

Parteien durch ein Kreditinstitut fristlos gekündigt werden, wenn Kreditinstitute zustimmen, deren Anteil am Gesamtprolongationsvolumen mindestens 50% beträgt

d) Ein Kündigungsgrund liegt vor, wenn
- gegenüber der Vermögenssituation, wie sie in dem Sanierungskonzept dargestellt ist, eine wesentliche Verschlechterung eintritt,
- die Kreditnehmerin mit Zahlungen, die auch im Rahmen dieser Prolongationsvereinbarung geleistet werden müssen, länger als ____ Tage/Wochen in Verzug gerät und der insgesamt rückständige Betrag _____ € übersteigt.

..."

Anlage 3: Auszug aus einem Poolvertrag zwischen Banken[1]

„...

§ 1 Kredite

(1) Die Banken stehen mit der Firma in Geschäftsverbindung und haben ihr bei Abschluss dieses Vertrages die nachstehend aufgeführten Kreditlinien eingeräumt:

Bank A a) Barkredit _____ €
        b) Diskontkredit _____ €
        c) Avalkredit _____ €

Bank B a) Barkredit _____ €
        b) Diskontkredit _____ €
        c) Avalkredit _____ €

Bank C a) Barkredit _____ €
        b) Diskontkredit _____ €
        c) Avalkredit _____ €

(2) Soweit die Kreditvereinbarungen dies vorsehen, können die Barkredite auch als Aval-, Diskont- und Akzeptkredit in Anspruch genommen werden. Eine solche Inanspruchnahme der Barlinie kann auch bei den ausländischen Tochtergesellschaften der Bank erfolgen. Die zwischen den Banken hinsichtlich der Poolsicherheiten getroffenen Vereinbarungen gelten für die Kreditaufnahmen bei ausländischen Tochtergesellschaften mit der Maßgabe, dass deren Rechte und Pflichten von der jeweiligen Bank treuhänderisch wahrgenommen werden.

(3) Die Firma kann über Kreditlinien und Kredite selbständig verfügen. Jeder Bank stehen die Forderungen aus den von ihr zugesagten Krediten allein und unmittelbar

(4) Die Banken verpflichten sich untereinander, die Kreditlinien für die Dauer dieses Vertrages aufrecht zu erhalten und Reduzierungen oder Streichungen nur im gegenseitigen Einvernehmen vorzunehmen. Dies gilt nicht für außerhalb des Pools gewährte Kredite.

---

[1] Mustervordruck eines Poolvertrags von einer Bank

§ 2 Sicherheiten

(1) Die Firma hat folgenden Banken nachstehende Sicherheiten bestellt bzw. wird die genannten Sicherheiten unverzüglich bestellen:

Bank A   Sicherheit a)   _____
            Sicherheit b)   _____
            Sicherheit c)   _____

Bank B   Sicherheit a)   _____
            Sicherheit b)   _____
            Sicherheit c)   _____

Bank C   Sicherheit a)   _____
            Sicherheit b)   _____
            Sicherheit c)   _____

Zugunsten der Poolführerin sowie jeder einzelnen Bank bestellt die Firma gleichzeitig und gleichrangig folgende akzessorische Sicherheiten: Sicherheit a)   _____
                 Sicherheit b)   _____

(2) Der/Die Drittsicherungsgeber hat/haben folgenden Banken nachstehende Sicherheiten bestellt bzw. wird/werden die genannten Sicherheiten unverzüglich bestellen:

Drittsicherungsgeber: _____
     Sicherheit a)   _____
     bei Bank   _____
     Sicherheit b)   _____
     bei Bank   _____

Drittsicherungsgeber: _____
     Sicherheit a)   _____
     bei Bank   _____
     Sicherheit b)   _____
     bei Bank   _____

(3) Zu Gunsten der Poolführerin sowie jeder einzelnen Bank werden vom Drittsicherungsgeber _____ folgende akzessorische Sicherheiten gleichzeitig und gleichrangig bestellt:

Sicherheit a) _____
Sicherheit b) _____

(4) Erhält eine Bank von der Firma künftig für eine der in § 1 (1) aufgeführten Kredite bzw. Kreditlinien weitere Sicherheiten, so sind diese in den Poolvertrag einbezogen.
(5) Gewährt eine Bank der Firma zusätzliche Kredite und erhält sie von ihr hierfür weitere Sicherheiten, so sind diese mit ihrer Bestellung in den Poolvertrag einbezogen. Ein Verwertungserlös dient vorrangig zur Rückführung dieser zusätzlichen Kredite.
(6) Die Firma verpflichtet sich, Dritten erst nach Unterrichtung der Banken Sicherheiten zu stellen. Dies gilt nicht für branchenübliche verlängerte Eigentumsvorbehalte von Lieferanten und die auf Grund allgemeiner Geschäftsbedingungen der Kreditinstitute bestellten Pfand- und Sicherungsrechte.

...

§ 4 Rückübertragung/Sicherheitenfreigabe
(1) Nach Befriedigung aller gemäß § 3 gesicherten Ansprüche haben die Banken die in diesen Poolvertrag einbezogenen Sicherheiten, soweit sie von ihnen nicht in Anspruch genommen worden sind, an die Firma oder den jeweiligen Drittsicherungsgeber zurückzuübertragen. Dies gilt nicht, wenn die Banken verpflichtet sind, Sicherheiten oder einen etwaigen Übererlös an einen Dritten (z.B. einen Bürgen, der eine oder mehrere Banken befriedigt hat) zu übertragen.
(2) Die Banken sind auf Verlangen schon vorher verpflichtet, Poolsicherheiten nach ihrer Wahl ganz oder teilweise freizugeben, wenn und soweit der realisierbare Wert der Poolsicherheiten __% der nach § 3 gesicherten Ansprüche nicht nur vorübergehend übersteigt. Der realisierbare Wert der Sicherheiten wird nach den Regelungen der einzelnen Sicherungsvereinbarungen bestimmt oder ergibt sich, falls hierüber keine ausdrückliche Vereinbarung getroffen worden ist, aus der Art der jeweiligen Sicherheit.

(3) Die in den einzelnen Sicherungsvereinbarungen enthaltenen Abreden über Deckungsgrenzen und Freigabeverpflichtungen werden für die Dauer dieses Poolvertrages durch die vorstehenden Regelungen abgeändert und ergänzt.

§ 5 Treuhandverhältnis/Sicherheitenverwaltung

(1) Die Poolführerin verwaltet die in diesen Vertrag einbezogenen Sicherheiten zugleich treuhänderisch für die übrigen Banken. Die in § 2 (1) Satz 2 und § 2 (3) als Poolsicherheit genannten akzessorischen Rechte (Pfandrechte, Bürgschaften) verwaltet und verwertet die Poolführerin auch namens und im Auftrag der übrigen Banken.

(2) Die Poolführerin wird den anderen Banken auf Anforderung Kopien der Verträge der von ihr gehaltenen Sicherheiten zur eigenverantwortlichen Prüfung zusenden. Etwaige Einwendungen werden die anderen Banken unverzüglich gegenüber der Poolführerin geltend machen, so dass eine einvernehmliche Regelung unter den Banken herbeigeführt werden kann.

(3) Die Banken bevollmächtigen die Poolführerin, alle für die Bestellung, Verwaltung und Verwertung der Sicherheiten notwendigen Erklärungen auch in ihrem Namen abzugeben und entgegenzunehmen sowie alle erforderlichen oder zweckmäßigen Handlungen vorzunehmen. Die Poolführerin wird für alle von ihr auf der Grundlage dieses Vertrages ergriffenen Maßnahmen von den Beschränkungen des § 181 BGB befreit.

(4) Die ganze oder teilweise Freigabe von Sicherheiten bedarf der Zustimmung aller Banken. Im Rahmen einer Freigabeverpflichtung gemäß § 4 (2) ist diese Zustimmung nur für die Auswahl der freizugebenden Sicherheiten erforderlich.

(5) Die Poolführerin wird die Sicherheitenverwaltung nur mit Zustimmung der anderen Banken auf einen anderen Treuhänder übertragen. Der jeweilige Treuhänder ist von den Beschränkungen des § 181 BGB freigestellt.

(6) Soweit Sicherheiten von einer anderen Bank als der Poolführerin gehalten werden, gelten die vorstehenden Regelungen entsprechend. Daneben ist die Poolführerin berechtigt, aber nicht verpflichtet, alle sich aus den Sicherungsverträgen ergebenden Kontroll- und Verwaltungsrechte im eigenen Namen auszuüben.

...

§ 7 Saldenausgleich
(1) Die Firma wird die Banken nach Möglichkeit im Verhältnis der in § 1 (1) genannten Kreditlinien gleichmäßig in Anspruch nehmen.
(2) Die Banken verpflichten sich in unwiderruflichem Auftrag der Firma und auch untereinander
 für den Verwertungsfall gemäß § 6*
 *jederzeit auf Verlangen einer Bank**
   * nicht zutreffendes streichen

ihre die Barkreditlinien gemäß § 1 (1) nicht übersteigenden Kreditforderungen durch entsprechende Überträge auf einen solchen Stand zu bringen, dass für sämtliche Banken eine Kreditinanspruchnahme nach dem Verhältnis der genannten Barkreditlinien entsteht. Die einzelnen Banken haben dabei eventuelle Guthaben auf nicht zweckgebundenen Konten zunächst mit ihren Kreditforderungen zu verrechnen, die sich im Rahmen der in § 1 (1) genannten Barkreditlinien bewegen. *Belastungen aus aufzunehmenden Lastschrift- und Scheckrückgaben werden im Rahmen des Saldenausgleichs den berücksichtigungsfähigen Forderungen zugeschlagen. Dies gilt nicht, wenn und soweit hierdurch die in § 1 (1) aufgeführte Barkreditlinie überschritten wird.*
(3) *Sofern eine Barmischlinie eingeräumt ist, werden darauf angerechnete Wechseldiskonte bei dem Saldenausgleich erst berücksichtigt, wenn ein Ausfall feststeht; Akkreditive und Avale, soweit unter ihnen Zahlung geleistet worden ist.*
(4) Stichtag für den Saldenausgleich ist das Zustandekommen eines Beschlusses über die Einleitung von Verwertungsmaßnahmen gemäß § 6 (2) Satz 1 bzw. in Eilfällen der früheste Zugang der Mitteilung der Poolführerin über die Einleitung von Verwertungsmaßnahmen gemäß § 6 (2) Satz 2 bei einer der anderen Banken.
(5) Wenn sich nach Durchführung eines Saldenausgleichs dessen Berechnungsgrundlage ändert (z.B. durch Verrechnung von Guthaben oder Zahlungen aus Avalen) sind die Salden erneut auszugleichen.
(6) Soweit ein Saldenausgleich aus Rechtsgründen nicht mit Wirkung gegenüber der Firma oder Dritten vorgenommen werden

kann, sind die Banken im Innenverhältnis zur Herbeiführung eines entsprechenden Ergebnisses verpflichtet.

...

§ 11 Befristung und Kündigung
(1) Dieser Poolvertrag wird auf unbestimmte Zeit geschlossen.
(2) Jede Bank ist berechtigt, den Vertrag unter Einhaltung einer Frist von drei Monaten zum Ende eines Kalendervierteljahres zu kündigen, wobei für die Einhaltung der Frist der Zugang des Kündigungsschreibens bei der Poolführerin maßgebend ist. Kündigt die Poolführerin, so ist für die Einhaltung der Frist der früheste Zugang des Kündigungsschreibens bei einer der anderen Banken maßgeblich. Mit dem Wirksamwerden der Kündigung scheidet die betreffende Bank aus dem Poolvertrag aus. Dieser wird unter den übrigen Banken fortgesetzt.
(3) Im Falle einer Kündigung nach Abs. 2 bleibt die Aufteilung der Sicherheiten besonderen Absprachen unter den Banken vorbehalten. Die Firma und jeder Drittsicherungsgeber sind verpflichtet, bei einer Sicherheitenübertragung mitzuwirken, soweit dies rechtlich erforderlich ist. Auf Verlangen auch nur einer der Banken ist zum Zeitpunkt des Ausscheidens der kündigenden Bank unter deren Beteiligung ein Saldenausgleich entsprechend der Regelung in § 7 durchzuführen.
(4) Die Firma und die Drittsicherungsgeber können diesen Vertrag erst kündigen, wenn sämtliche Verpflichtungen aus den in § 1 genannten Krediten erfüllt sind.

..."

Anhang　　　　　　　　　　　　　　　　　　　　　　　　Seite 145

Anlage 4: Beispiel zum Saldenausgleich
(entsprechend den kursiv gedruckten Regelungen im Auszug aus einem Poolvertrag zwischen Banken; Anlage 3)

Vorgang	Bank 1	Bank 2	Bank 3	Summen
	in Mio. €			
In den Poolvertrag eingebrachte Kreditlinien				
Barkredite	10,00	5,00	2,00	17,00
Avalkredite	3,00	0,00	0,00	3,00
Diskontkredite	0,00	0,00	2,00	2,00
Summen	13,00	5,00	4,00	22,00
In Anspruch genommene Kredite bei Abschluss des Poolvertrags				
Barkredite	5,00	5,00	2,00	12,00
Avalkredite	3,00	0,00	0,00	3,00
Diskontkredite	0,00	0,00	2,00	2,00
Summen	8,00	5,00	4,00	17,00
In Anspruch genommene Kreditlinien am Stichtag für den Saldenausgleich				
Barkredite	8,00	6,00	1,00	15,00
Avalkredite (davon wurde die Bank mit 1 Mio. € in Anspruch genommen)	3,00	0,00	0,00	3,00
Diskontkredite (kein Ausfall)	0,00	0,00	1,00	1,00
Summen	11,00	6,00	2,00	19,00
Saldenausgleich				
Berücksichtigungsfähige Kredite				
Barkredite	8,00	5,00	1,00	14,00
Avalkredite	1,00	0,00	0,00	1,00
Diskontkredite	0,00	0,00	0,00	0,00
Summen	9,00	5,00	1,00	15,00
Fiktive Kreditbeträge entsprechend dem Ausgleichsverhältnis 10:5:2	8,82 15:17·10	4,41 15:17·5	1,77 15:17·2	15,00
Ausgleichsbeträge				
Bank 3 bezahlt an Bank 1 u. 2	0,18	0,59		
Bank 3 bezahlt insgesamt			0,77	

Vorgang	Bank 1	Bank 2	Bank 3	Summen
	in Mio. €			
Berücksichtigung einer nachträglichen Scheckrückgabe	0,15	0,00	0,00	
Summe der nun berücksichtigungsfähigen Kredite	9,15	5,00	1,00	15,15
Berichtigte fiktive Kreditbeträge entsprechend dem Ausgleichsverhältnis	8,91 15,15:17·10	4,46 15,15:17·5	1,78 15,15:17·2	15,15
Berichtigter Ausgleichsbetrag	0,24	0,54	0,78	0,00
Bereits ausgeglichen	0,18	0,59	0,77	
Nachzahlung				
Bank 3 bezahlt an Bank 1			0,01	
Bank 2 bezahlt an Bank 1		0,05		
Bank 1 bekommt insgesamt	0,06			

Tab. 5: Berechnungsbeispiel für den Saldenausgleich
Quelle: Die Verfasserin

Anlage 5: Auszug aus einer Rangrücktrittserklärung[1]

„...

1. Rangrücktritt

a) Das Kreditinstitut und die Kreditnehmerin sind sich darüber einig, dass das Kreditinstitut aus seinen Krediten, die sich derzeit auf insgesamt _____ € belaufen, mit Forderungen in Höhe von _____ € im Rang zurücktritt.

b) Rangrücktritt bedeutet, dass die betroffenen Forderungen des Kreditinstituts aus künftigem Aktivvermögen, das die sonstigen Schulden des Kreditnehmers übersteigt, aus einem etwaigen Liquidationserlös oder aus einem etwaigen Bilanzgewinn zu begleichen sind. Im Insolvenzverfahren treten sie in den Rang des § 39 Abs. 2 InsO zurück. Innerhalb dieses Ranges sind sie vorrangig vor den Darlehensforderungen der Gesellschafter, die ebenfalls einen Rangrücktritt erklärt haben. Außerdem sind sie vorrangig vor den Einlagenrückgewähransprüchen der Gesellschafter.

..."

---

[1] Obermüller, M.: Insolvenzrecht in der Bankpraxis, 6. Aufl., Köln 2002, S. 861 f.

Anlage 6: Beispiel für Verlustvortrag bzw. Steuererlass

Einzelunternehmer, ledig, mit folgenden Einkunftsarten (wobei jährlich die gleiche Höhe unterstellt wird) in €:		
	Jahr 1	Jahr 2
Einkünfte aus selbständiger Arbeit	50.000	50.000
Einkünfte aus Kapitalerträgen	100.000	100.000
Einkünfte aus Vermietung und Verpachtung	1.000.000	1.000.000
Verlustvortrag aus Vergangenheit	2.180.000	1.090.000
Berechnung des zu versteuernden Einkommens:		
Einkünfte insgesamt	1.150.000	1.150.000
- Verlustvortrag (unbeschränkt abziebar bis zu 1.000.000)	1.000.000	1.000.000
= Restbetrag der Einkünfte	150.000	150.000
- zusätzl. anrechenbar: 60%·(1,15 Mio. - 1 Mio.)	90.000	90.000
= zu versteuerndes Einkommen	60.000	60.000
Einkommensteuerschuld lt. § 32a EStG (0,45·60.000 -8.845)	18.155	18.155
Verbleibender Verlustvortrag für die Zukunft:		
Jahr 1 (2.180.000-1.000.000-90.000)	1.090.000	
Jahr 2 (1.090.000-1.000.000-90.000)		0
Alternative bei Steuererlass (bewirkt wegfall des Verlustvortrags):		
zu versteuerndes Einkommen	1.150.000	1.150.000
Einkommensteuerschuld lt. § 32a EStG (0,45·1.150.000-8.845)	508.655	508.655
- einmaliger Steuererlass im Jahr 1	508.655	
= zu zahlende Einkommensteuer	0	508.655
		Jahr 1 + 2
Vergleich Verlustvortrag mit Steuererlass:		
Steuerschuld bei Steuererlass		508.655
- Steuerschuld bei Verlustvortrag		36.310
= Steuerersparnis bei Ausnutzung des Verlustvortrags		472.345

Tab. 6: Vergleichsrechnung Verlustvortrag mit Steuererlass
Quelle: Die Verfasserin

Anlage 7: Interview am 10. Dezember 2004 mit Herrn Ulrich Heitzer von der Volksbank Kirchheim-Nürtingen eG

1 Krisensituation

1.1 *Was bedeutet ein Sanierungs- oder Abwicklungsfall für Sie als Bank?*
Die Bank befindet sich in einem Spannungsfeld. Einerseits hat sie eine Treuepflicht gegenüber den Kunden, die Geld sicher anlegen wollen, andererseits sollen Unternehmen und damit auch Arbeitsplätze durch die Sanierung dauerhaft erhalten bleiben. Eine Sanierung muss sich wegen der entstehenden Kosten für die Bank auch lohnen. Andernfalls zögert die Bank nicht, eine Abwicklung vorzunehmen. Bei der Abwicklung werden keine Zugeständnisse mehr gemacht, im Gegensatz zur Sanierung, bei der es zwei Gewinner gibt.

1.2 *Seit wann haben negative Unternehmensentwicklungen stark zugenommen?*
Im Raum Kirchheim/Nürtingen haben Sanierungen 2001/2002 stark zugenommen. Danach war die Steigerung nicht mehr so groß. Viele Sanierungen gehen in Abwicklungen über. Bei der Volksbank Kirchheim-Nürtingen eG gibt es seit 2002 einen Sanierungsbereich. Die Marktanteile liegen zu 50% bei der Volksbank und zu 50% bei der Kreissparkasse und LBBW.

1.3 *In welcher Krisenphase befanden sich die Unternehmen i.d.R., als Sie mit der Sanierung begonnen haben?*
Früher waren die meisten Unternehmen im Sanierungsfall bereits in der Liquiditätskrise. Heute erkennt man auf Grund der nach den MaK-Vorschriften erforderlichen Intensivbetreuung die Krisen bälder und deshalb wird mit der Sanierung in einem früheren Krisenstadium begonnen.

1.4 *An welchen Symptomen erkennt die Bank, dass sich ein Unternehmen in einer Krisenlage befindet?*
Man erkennt dies an Kontoüberziehungen, am Rating, an einer Bonitätsnote von 4 - 6 und an Pfändungen. Das interne System zeigt anhand der Indikatoren, wenn eine Krise entsteht. Diese

Hinweise greift der Berater auf, denn eine Krise so früh wie möglich zu finden, ist äußerst wichtig.

2 Sanierungskonzept

2.1 *Wer erstellt das Sanierungskonzept?*
Das Sanierungskonzept wird von Dritten erstellt, i.d.R. vom Unernehmensberater.

2.2 *Welche Inhalte hat das Sanierungskonzept?*
- Analyse der Krisenursachen
- Fortführungsprognose; die Wahrscheinlichkeit einer erfolgreichen Sanierung soll mind. 50% betragen
- Maßnahmenplan
- Meilensteinplanung (wann wird was gemacht?)

3 Sanierungsmaßnahmen

3.1 *Welche Sanierungsmaßnahmen kommen in der Praxis bei Ihnen häufig vor?*

Zahlungsaufschub: sehr häufig
Stundung von Zinsen: selten, aber eher als ein Zinsverzicht
Forderungsverzicht: höchstens als letztes Mittel
Beteiligung: bisher noch nicht vorgekommen
Stillhalteabkommen: wird gerne gemacht, weil damit keine großen Probleme verbunden sind; das Risiko der Bank erhöht sich hierdurch nicht wesentlich
Sicherheitenfreigabe: kommt eher selten vor; entspricht der Kreditgewährung in einer Krisensituation; deshalb sehr sensibler Punkt; wichtig ist dabei ein plausibles Sanierungsgutachten
Umfinanzierung: kommt häufig vor

3.2 *Welche Schwierigkeiten sind Ihnen bei einem Rangrücktritt schon begegnet?*
Bei einem Rangrücktritt können viele rechtliche Fehler passieren. Der Teil der Forderung, bei dem ein Rangrücktritt stattfindet, wird zum Blankoanteil. Zur Abwendung einer Insolvenz ist

ein Rangrücktritt sinnvoll, weil im Insolvenzverfahren eine Sanierung schwierig wird.

3.3 *Kommt ein Tausch von Sicherheiten häufig vor?*
Ein Tausch macht Sinn, falls die neue Sicherheit besser oder wenigstens gleichwertig ist. Beispiel: Tausch von Grundschulden auf das Firmengrundstück mit Grundschulden auf Privatimmobilien. Generell können aus Sicherheiten jedoch auch Belastungen werden, wenn z.b. bei einem sicherungsübereigneten Warenlager die Ware verschimmelt ist und die Bank die Entsorgung übernehmen muss oder wenn ein Grundstück Umweltlasten aufweist.

3.4 *Beteiligung*
➢ *Welche Praxisprobleme sehen Sie bei einer Beteiligung?*
Die Bank wird Gesellschafter und haftet für das gesamte Unternehmen und damit auch für Risiken, die sie noch nicht kennt. Bei einem Kredit von z.b. 100 T€ beträgt der Ausfall höchstens 100 T€, bei einer Beteiligung kann die Bank dagegen weit mehr verlieren.
➢ *Bank ist Beteiligter. Vor der Beteiligung wurde eine Grundschuld eingetragen. Jetzt hat die Bank eine Grundschuld gegen sich selbst. Ist das möglich?*
Die Grundschuld kann bestehen bleiben, da sie ein eigenständiges Recht darstellt, wie z.b. eine Eigentümergrundschuld.

3.5 *Überbrückungskredit*
➢ *Welche Praxisprobleme sehen Sie bei einem Überbrückungskredit?*
Das Problem liegt bei der Kreditgewährung an sich. Klar muss sein, dass später ein Sanierungskonzept vorgelegt wird. Wenn die Sanierung nicht gelingt, hat die Bank das Recht, den Kredit zurückzufordern.
➢ *Wie erkennen Sie, ob Zins- oder Tilgungsstundungen ausreichen oder ob neue Kredite gewährt werden müssen?*
Man erkennt dies an der aktuellen Kapitaldienstberechnung und vergleicht den cash-flow mit den Verbindlichkeiten. Wenn z.b. 10 T€ fehlen und die Tilgung 20 T€ beträgt,

reicht eine Tilgungsstundung. Ein Neukredit wird nur zur nachhaltigen Verbesserung und nicht zum kurzfristigen Überleben gewährt. Ein Neukredit kommt nur für die im Sanierungskonzept genannten Maßnahmen in Frage. Ist dort z.b. eine Spezialisierung festgelegt, so werden nur die für diesen Zweck notwendigen Maßnahmen finanziert.

3.6 *Stillhalteabkommen*
  ➤ *Wann ist es beendet? Welcher Zeitpunkt wird festgelegt?*
  Das Stillhalteabkommen richtet sich nach den Meilensteinen des Sanierungskonzepts. Stillhalten bedeutet, dass keiner in die Vollstreckung geht. Aber allein durch stillhalten wird noch nicht saniert. Dies ist nur ein „Zuckerbrot", denn beim Sanieren ist agieren notwendig. Stillhalten ist häufig bei der Abwicklung angebracht, die in der Praxis oft gleichzeitig neben der Sanierung vorbereitet wird. Halten z.B. alle Gläubiger still, können sie durch freien Verkauf oft einen höheren Erlös erzielen als mit Zwangsmaßnahmen.
  ➤ *Unterscheidet sich der Saldenausgleich beim Stillhalteabkommen von dem beim Poolvertrag?*
  Beim Stillhalteabkommen ist der Saldenausgleich nicht so kompliziert durchzuführen wie beim Bankenpool.

3.7 *Bestellen Sie bei Stundung von Tilgungen die Drittsicherheiten neu?*
  Eine Zustimmung wird von allen Drittsicherheitsgebern eingeholt.

3.8 *Ist es in der Praxis relevant, dass die Volksbank Dritte zum Vorteil des Kreditnehmers finanziert (z.B. Kunden)?*
  Bei der GmbH kommt es oft vor, dass der Ehefrau des Geschäftsführers ein Kredit gewährt wird. Sie bringt das Geld dann in die GmbH ein. Als Sicherheit wird z.B. eine Grundschuld auf ein Grundstück der Ehefrau eingetragen. Dies ist eine saubere Sache, um einen Insolvenztatbestand außer Kraft zu setzen. Gefährlich wird es nur, wenn eine Beihilfe zur Insolvenzverschleppung vorliegt. Dritte finanziert die Volksbank nur in Einzelfällen.

3.9 Wie wird bei Ihrer Bank die Umsetzung der Sanierungsmaßnahmen überprüft (wer, wie oft)?
Die Umsetzung der Sanierungsmaßnahmen ist so wichtig wie das Sanierungskonzept. Der Sanierungsberater und der Bereichsleiter prüfen das Erreichen der Meilensteine alle drei bis vier Wochen. Bei Überziehungen ist die Überprüfung mit der Kontodisposition verknüpft.

3.10 Wann ist die Sanierung erfolgreich abgeschlossen?
Dies wird am Einzelfall festgemacht. Wenn wieder eine nachhaltige Kapitaldienstfähigkeit vorhanden ist und das Unternehmen nicht mehr überschuldet ist. Die laufenden Verpflichtungen müssen wieder erfüllt werden können. Die Sanierung darf allerdings nach MaK insgesamt nicht mehr als drei Jahre dauern. I.d.R. dauert eine Sanierung ca. 1 bis 2 Jahre.

4 Bankenpool

4.1 Wie oft wird bei Sanierungsfällen ein Bankenpool gebildet?
Z.Zt. ist die Volksbank an mehreren Bankenpools beteiligt. Die Initiative zur Bildung eines Bankenpools geht i.d.R. von den Banken aus: Die Banken verständigen sich untereinander unter Berücksichtigung des Bankgeheimnisses. Danach wird auf den Schuldner zugegangen.

4.2 Welche Nachteile sehen Sie bei der Beteiligung an einem Bankenpool?
- sehr teuer
- sehr langwierig (derzeit ist die Volksbank an einem Pool mit neun anderen Banken und drei Kreditversicherern beteiligt)
- sehr zäh (bei einem Bankenpool wurde innerhalb eines Jahres bereits die neunte Version des Poolvertrags erstellt)

4.3 Wie oft findet ein Saldenausgleich in der Praxis statt?
Einmal im Jahr wird der Saldo wegen der Risikoberechnung allen Beteiligten mitgeteilt. Ein tatsächlicher Saldenausgleich findet nur im Falle einer Verwertung statt.

4.4 *Kommt die Bildung eines Banken-Lieferanten-Pools (Sicherheitenabgren-zungsvertrag) oft vor?*
Bei der Volksbank kommt dies nicht so oft vor. Der Vorteil besteht darin, dass fällige Forderungen im Insolvenzfall schon tituliert sind.

5 Sanierung in der Insolvenz
5.1 *Wie bewerten Sie die Sanierung durch Insolvenz?*
Dies ist ein guter Ansatz; allerdings kommt dies in der Praxis ganz selten vor und scheitert genauso wie eine Sanierung vor der Insolvenz.

5.2 *Welche Gefahren sehen Sie bei der Sanierung durch Insolvenz?*
Auf Grund der Restschuldbefreiung werden keine Verbindlichkeiten des Unternehmens mehr von Banken übernommen, denn sie haben keine Möglichkeit mehr, ihre Kredite geltend zu machen. Praxisfall: Einzelfirma mit hohem Kredit ging in die Insolvenz. Die Restschuldbefreiung wurde in Anspruch genommen. Der Insolvenzverwalter sollte die Vermögensgegenstände verwerten, er konnte sie aber nicht verkaufen, da kein Markt mehr vorhanden war. Im Nebengebäude befindet sich die Nachfolgefirma des Schuldners. Er möchte, dass die Vermögensgegenstände nun schnell entsorgt werden, damit er die Halle für seine Nachfolgefirma mieten kann.

5.3 *Welche Änderungen ergeben sich für die Bank, wenn das Insolvenzverfahren eröffnet wird?*
Die Bank spricht eine Kreditkündigung aus wichtigem Grund (Verschlechterung der wirtschaftlichen Verhältnisse) aus. Die Kredite werden intern in ein Forderungsverwaltungsprogramm umgebucht. Evtl. wird aus sozialem Engagement der Bank heraus noch stillgehalten bis die Mitarbeiter des Unternehmens neue Arbeitsplätze gefunden haben. Die Verwertung der Sicherheiten wird entweder von der Bank oder dem Insolvenzverwalter eingeleitet. Immobilien werden von der Bank selbst versteigert. Globalzessionen bearbeitet der Insolvenzverwalter, weil er einen direkten Zugang zu den Rechnungen hat.

5.4 *Was kommt in der Praxis häufiger vor? Abwicklung des Insolvenzverfahrens nach der Insolvenzordnung (also Regelinsolvenz) oder durch einen Insolvenzplan.*
Das Insolvenzplanverfahren kommt ganz selten vor.

5.5 *Ist eine Sanierung unter Schutz der Insolvenzordnung bei Regelinsolvenz und bei Insolvenzplan möglich?*
Beide Verfahren sind möglich. Bei der Sanierung haftet dann der Insolvenzverwalter. Deshalb muss er vom Sanierungskonzept sehr überzeugt sein.

5.6 *Wie wird das Insolvenzverfahren nach erfolgreicher Sanierung praktisch beendet?*
Der Insolvenzverwalter versucht, alle Forderungen zu befriedigen. Die Beendigung des Insolvenzverfahrens wird veröffentlicht.

6 Übergang auf neuen Rechtsträger
Wie häufig kommt es vor, dass ein sanierungsbedürftiges Unternehmen auf einen neuen Eigentümer übergeht?
Dies gibt es öfters, z.B. kommt in der Insolvenz die übertragende Sanierung oft vor.

Literatur- und Quellenverzeichnis

Einzelwerke:

Bergauer, A.: Führen aus der Unternehmenskrise, Berlin 2003

Böckenförde, B.: Unternehmenssanierung, Stuttgart 1991

Coenenberg, A.: Jahresabschluß und Jahresabschlußanalyse, 17. Aufl., Landsberg/Lech 2000

Dahmen, A.; Jacobi, P.: Firmenkundengeschäft der Kreditinstitute, 2. Aufl., Frankfurt am Main 1998

Dettmer, H.; Hausmann, T.: Finanzmanagement, 2. Aufl., München; Wien 1998

Drukarczyk, J.: Finanzierung, 8. Aufl., Stuttgart 1999

Eidenmüller, H.: Unternehmenssanierung zwischen Markt und Gesetz, Köln 1999

Eisele, W.: Technik des betrieblichen Rechnungswesens, 7. Aufl., München 2002

Evers, J.: Kredite für Kleinunternehmen, Frankfurt am Main 2002

Fechner, D.: Praxis der Unternehmenssanierung, Neuwied; Kriftel (Taunus) 1999

Gawaz, K.: Bankenhaftung für Sanierungskredite, Köln 1997

Gless, S.: Unternehmenssanierung, Wiesbaden 1996

Grill, W.; Perczynski, H.: Wirtschaftslehre des Kreditwesens, 32. Aufl., Bad Homburg vor der Höhe 1998

Groß, P.: Sanierung durch Fortführungsgesellschaften, 2. Aufl., Köln 1988

Häger, M.: Checkbuch Überschuldung und Sanierung, 2. Aufl., Köln 2002

Harz, M.; Hub, H.; Schlarb, E.: Sanierungsmanagement, 2. Aufl., Stuttgart 1999

Kautzsch, C.: Unternehmenssanierung im Insolvenzverfahren, Lohmar; Köln 2001

Keller, R.: Unternehmenssanierung, Herne; Berlin 1999

Klunzinger, E.: Grundzüge des Gesellschaftsrechts, 12. Aufl., München 2002

Krystek, U.; Müller-Stewens, G.: Frühaufklärung für Unternehmen, Stuttgart 1993

Lützenrath, C.; Peppmeier, K.; Schuppener, J.: Bankstrategien für Unternehmenssanierungen, Wiesbaden 2003

Manzel, I.; Manzel, T.: Wege aus der Unternehmenskrise, Köln 2003

Märki, M.: Die Sanierung von krisenbehafteten Grossunternehmen aus Sicht der Gläubigerbank, Bern; Stuttgart; Wien 2004

Obermüller, M.: Insolvenzrecht in der Bankpraxis, 6. Aufl., Köln 2002

Olfert, K.; Reichel, C.: Finanzierung, 12. Aufl., Ludwigshafen (Rhein) 2003

Perridon, L.; Steiner, M.: Finanzwirtschaft der Unternehmung, 11. Aufl., München 2002

Perschel, M.: Krisenmanagement in kleineren und mittleren Unternehmen, Renningen 2003

Räss, H.: Die Restrukturierung von Unternehmen aus Sicht der kreditgebenden Bank, 3. Aufl., Bern; Stuttgart; Wien 1993

Schäfer, H.: Unternehmensfinanzen, 2. Aufl., Heidelberg 2002

Schildbach, T.: Der handelsrechtliche Jahresabschluß, 6. Aufl., Herne; Berlin 2000

Schmidt, A.; Brinkmeier, T.: GmbH-Taschenbuch: Steuer- und Gesellschaftsrecht von A-Z, 7. Aufl., Köln 2001

Seefelder, G.: Unternehmenssanierung, Stuttgart 2003

Töpfer, A.: Plötzliche Unternehmenskrisen - Gefahr oder Chance?, Neuwied; Kriftel 1999

Trauboth, J.: Krisenmanagement bei Unternehmensbedrohungen, Stuttgart u.a. 2002

Wöhe, G.: Bilanzierung und Bilanzpolitik, 9. Aufl., München 1997

Wöhe, G.: Einführung in die allgemeine Betriebswirtschaftslehre, 21. Aufl., München 2002

Wurm, G.; Wolff, K.; Ettmann, B.: Kompaktwissen Bankbetriebslehre, 7. Aufl., Köln 1999

Beiträge aus Sammelwerken:

Birker, K.: Insolvenz als akute Krise, in: Birker, K.; Pepels, W. (Hrsg.): Handbuch Krisenbewusstes Management, Berlin 2000, S. 314 bis 338

Birker, K.: Krisenbewältigung - Sanierung, Gesundung des Unternehmens, in: Birker, K.; Pepels, W. (Hrsg.): Handbuch Krisenbewusstes Management, Berlin 2000, S. 339 bis 348

Birker, K.: Typologie der Unternehmenskrise, in: Birker, K.; Pepels, W. (Hrsg.): Handbuch Krisenbewusstes Management, Berlin 2000, S. 25 bis 50

Buchalik, R.: Restrukturierungs-/Sanierungsmöglichkeiten aus der Sicht der finanzierenden Bank, in: Buth, A.; Hermanns, M. (Hrsg.): Restrukturierung, Sanierung, Insolvenz, München 1998, S. 24 bis 46

Buth, A.; Hermanns, M.: Finanzwirtschaftliche Aspekte der Fortführung von Krisenunternehmen, in: Buth, A.; Hermanns, M. (Hrsg.): Restrukturierung, Sanierung, Insolvenz, München 1998, S. 224 bis 245

Hermanns, J.: Sanierungskonzepte, Sanierungswerkzeuge und deren Haftungsrisiken, in: Finanz Colloquium Heidelberg GmbH (Hrsg.): Problematische Firmenkundenkredite, Heidelberg 2004, S. 96 bis 145.

Hermanns, M.: Gesellschaftsrechtliche Aspekte bei der Fortführung von Krisenunternehmen, in: Buth, A.; Hermanns, M. (Hrsg.): Restrukturierung, Sanierung, Insolvenz, München 1998, S. 246 bis 287

Hoffmann, W.: (Neue) steuerliche Möglichkeiten in der frühen Sanierung, in: Finanz Colloquium Heidelberg GmbH (Hrsg.): Problematische Firmenkundenkredite, Heidelberg 2004, S. 77 bis 94

Horst, K.: Engpass Finanzwirtschaft, in: Birker, K.; Pepels, W. (Hrsg.): Handbuch Krisenbewusstes Management, Berlin 2000, S. 86 bis 127

Jobsky, T.: Mergers & Acquisition bei Restrukturierung/Sanierung, in: Buth, A.; Hermanns, M. (Hrsg.): Restrukturierung, Sanierung, Insolvenz, München 1998, S. 329 bis 349

Klingebiel, N.: Die Rolle des externen Rechnungswesens für die Krisenerkennung und Krisenüberwindung, in: Birker, K.; Pepels, W. (Hrsg.): Handbuch Krisenbewusstes Management, Berlin 2000, S. 64 bis 85

König, A.: Spezifika bei der Sanierung von Produktionsunternehmen am Praxisfall, in: Finanz Colloquium Heidelberg GmbH (Hrsg.): Problematische Firmenkundenkredite, Heidelberg 2004, S. 367 bis 394

König, A.: Praktische Vorgehensweise nach Abgabe in den Sanierungsbereich, in: Finanz Colloquium Heidelberg GmbH (Hrsg.): Problematische Firmenkundenkredite, Heidelberg 2004, S. 282 bis 314

Kraus, K.; Gless, S.: Unternehmensrestrukturierung/ -sanierung und strategische Neuausrichtung, in: Buth, A.; Hermanns, M. (Hrsg.): Restrukturierung, Sanierung, Insolvenz, München 1998, S. 97 bis 125

Rechtmann, J.: Sicherheiten in der Krise: Neubestellung und Aktivitäten zu bestehenden Sicherheiten, in: Finanz Colloquium Heidelberg GmbH (Hrsg.): Problematische Firmenkundenkredite, Heidelberg 2004, S. 146 bis 178

Rechtmann, J.: Sicherheiten-Poolverträge am Praxisfall, in: Finanz Colloquium Heidelberg GmbH (Hrsg.): Problematische Firmenkundenkredite, Heidelberg 2004, S. 179 bis 216

Seidel, C.: Sanierungspläne des Verwalters und Insolvenzplanverfahren, in: Finanz Colloquium Heidelberg GmbH (Hrsg.): Problematische Firmenkundenkredite, Heidelberg 2004, S. 548 bis 561

Walter, B.: Financial Engineering: Strukturierung von unternehmerischen Finanzierungen und Off-balance-sheet-Finanzierungen, in: Juncker, K.; Priewasser, E. (Hrsg.): Handbuch Firmenkundengeschäft, Frankfurt am Main 1993, S. 513 bis 538

Weis, D.: MaK - Anforderungen an die Problemkreditbearbeitung, in: Finanz Colloquium Heidelberg GmbH (Hrsg.): Problematische Firmenkundenkredite, Heidelberg 2004, S. 3 bis 23

Wiechert, C.: Erwartungshaltungen und Taktiken im Sanierungsprozess, in: Finanz Colloquium Heidelberg GmbH (Hrsg.): Problematische Firmenkundenkredite, Heidelberg 2004, S. 315 bis 366

Beiträge aus Zeitschriften und Zeitungen:

Angermüller, N.; Eichhorn, M.; Ramke, T.: Eine Fallstudie Übertragende Sanierungen im Firmenkundengeschäft, in: Betriebswirtschaftliche Blätter, 10/2004, S. 522 bis 529

Feldbauer-Durstmüller, B.: Sanierungsmanagement, in: zfo 3/2003, 72. Jg., S. 128 bis 132

Hohensee, M.: Prinzip Rasierklinge, in: Wirtschaftswoche 14/2003, S. 64 bis 65

o.V.: Die Pleitewelle ebbt auch 2005 nicht ab, in: FAZ vom 1.12.2004, S. 18

o.V.: Erneut mehr Insolvenzen, in: Süddeutsche Zeitung vom 6.11.2004, S. 22

o.V.: Insolvenzen, in: Frankfurter Rundschau vom 6.10.2004, S. 11

o.V.: Kessler meldet Insolvenz an, in: Reutlinger General-Anzeiger vom 24.12.2004, S. 34

Literatur- und Quellenverzeichnis

o.V.: Sanierungskonzept vorgestellt Mobilcom hängt am seidenen Faden, in: IT Business News 41/2002, S. 10

o.V.: Strabag interessiert an Dywidag, in: Reutlinger General-Anzeiger vom 3.2.2005, S. 29

o.V.: Warten auf die Pleite, in Financial Times Deutschland vom 5.1.2005, S. 28

Pieper, M.; Pulver, A.: Sanierungsfähigkeit und -würdigkeit in der Insolvenz, in: DSWR 5/2003, S. 133 bis 134

Preissner, A.: Tour de Ricke Deutsche Telekom: Die Sanierungsmaßnahmen von Konzernchef Kai-Uwe Ricke, in Manager Magazin 5/2003, S. 66

Rogowski, U.: Schreyer hat Insolvenzantrag gestellt, in: Reutlinger General-Anzeiger vom 2.12.2004, S. 32

Gesetze:
(Stand 2005)

Abgabenordnung
Aktiengesetz
Bürgerliches Gesetzbuch
Einkommensteuergesetz
GmbH-Gesetz
Handelgesetzbuch
Insolvenzordnung

Informationen aus dem Internet:

Creditreform 2005 online: Insolvenzen in den einzelnen Ländern. URL: http://www.creditreform.de/angebot/analysen/0047/02.php, 13.2.2005

Creditreform 2005 online: Unternehmensinsolvenzen.
URL: http://www.creditreform.de/angebot/analysen/
0046/02.php, 13.2.2005

o.V. 2004 online: GLI-MICRAM AG und dbh AG kooperieren zur Fortführung der ATLAS-Lösungen skally und Vera/Zolas. URL: http://www.presselounge.de/index.php?loadSite=pressefaecher &fach=19, 4.10.2004

o.V. 2004 online: Karstadt: Begibt Wandelanleihe.
URL: http://www.lz-net.de, 15.12.2004

o.V. 2004 online: Karstadt: Stolpersteine bei Sanierung.
URL: http://www.lz-net.de, 23.11.2004

o.V. 2005 online: Mit letzter Kraft.
URL: http://www.managermagazin.de/unternehmen/
artikel/0,2828,339702,00.html, 1.2.2005

Sonstige Quellen:

Dr. Wieselhuber & Partner GmbH: Insolvenzen in Deutschland, München 2003

Grospietsch, H.-D.: Kommunikations-Seminare, KoDiTex

Institut der Wirtschaftsprüfer: Anforderungen an Sanierungskonzepte, Stellungnahmen/Empfehlungen des Fachausschusses Recht (FAR) 9/1991

Institut der Wirtschaftsprüfer: Anforderungen an Insolvenzpläne, Stellungnahmen/Empfehlungen des Fachausschusses Recht (FAR) 3/1999

Karstadt-Quelle AG: Verkaufsprospekt, Frankfurt am Main; Düsseldorf 2004

KPMG: Kreditinstitute und Unternehmenskrisen, Berlin; Leipzig 2002